铁路职工岗位培训丛书

车辆定检岗位应知应会

主　编　闻清良
副主编　王启铭

中国铁道出版社

2011年·北京

内 容 简 介

本书以问答的形式，归纳出了车辆定检各岗位应掌握的基础知识，其中岗位包括了车钳工、制动钳工、制动梁检修、钩缓、轮对与滚动轴承、铆工、锻工、油漆工等，内容简单实用，并可通过目录速查。

本书主要供各铁路局岗位培训使用，特别适合于车辆定检岗位的人员培训使用，也可供职工自学及相关技术人员参考。

图书在版编目(CIP)数据

车辆定检岗位应知应会/闻清良主编．—北京：中国铁道出版社，2009.10（2011.11 重印）
ISBN 978-7-113-10521-1

Ⅰ．车… Ⅱ．闻… Ⅲ．铁路车辆－定期检查－问答
Ⅳ．U279.3－44

中国版本图书馆 CIP 数据核字(2009)第 193064 号

书　　名：车辆定检岗位应知应会

作　　者：闻清良　主编

责任编辑：阚济存　**电话**：010－51873133　**电子信箱**：td51873133@163.com
编辑助理：李慧君
封面设计：郑春鹏
责任校对：孙　玫
责任印制：陆　宁

出版发行：中国铁道出版社(100054，北京市宣武区右安门西街8号)
网　　址：http://www.tdpress.com
印　　刷：三河市华丰印刷厂
版　　次：2009年10月第1版　2011年11月第2次印刷
开　　本：787 mm×1 092 mm　1/32　印张：7.375　字数：152千
印　　数：3 001～6 000册
书　　号：ISBN 978-7-113-10521-1
定　　价：15.00元

编委会名单

序

职工教育是铁路运输企业的重要基础工作。全面落实科学发展观和实现铁路又好又快的发展,对铁路职工教育管理、高技能人才培养和职工队伍建设提出了新的更高的要求。太原铁路局面对新体制、新形势、新任务、新挑战,深入贯彻“务实、高效、创新、争先”方针,始终坚持“五个不动摇”,全面推行“1233”安全工作法,牢固树立“和谐发展,人才强企”、“安全是天,教育为本”的责任意识,围绕安全生产、重载增量、深化企业改革等中心工作,规范管理,强基达标,全方位加强职工教育培训,着力提高全员的实践能力和创新能力,以素质保安全,以素质强质量,以素质上任务,以素质增效益,以素质促发展,为发展新“太铁”,实现新跨越提供了坚实的素质保障和人才支撑。

随着铁路现代化建设与发展的深入推进,运输任务的日益繁重,安全压力的不断加大,新技术、新材料、新设备、新工艺的大量运用,职工培训—考核—使用—待遇一体化机制的全面实施,编印一套适应铁路安全运输生产需要的职工培训教材迫在眉睫。按照铁路局领导“全局上下要牢固树立‘提高素质强安全’的思想,抓紧建立完整配套、针对性强、能够适应新变化、新要求的职工培训教材”的指示要求,本着方便职工学习技术业务,提升职工岗位技能水平,严格标准化作业,确保运输安全,推进整体工作,塑造铁路良好形象的主旨,我局特组织有关人员编写了5册现场实用培训教材和一套大秦重载铁路技术方面的培训教材，从而进一步完善了全局职工培训教材体系，为提高职工教育培训质量奠定基础。

此次编写的教材由浅入深，循序渐进，通俗易懂，可作为职工日常学习培训教材，也可用于职工自学。

在教材编制过程中得到了太原铁路局各业务处、室和基层站段的大力支持，在此一并表示感谢。

书中不妥之处，恳请读者指正。

太原铁路局

2009年8月

前　言

随着铁路快速发展的深入推进，运输任务的日益繁重，安全压力的不断加大，新技术、新工艺、新材料、新设备的大量运用，对职工掌握岗位业务知识，提高岗位技能的要求越来越高，尤其是对于“提高铁路货车检修质量，以质量求效益，以工艺保安全”为己任的车辆工人来说更是面临着严重挑战。然而，由于受到“工学矛盾”的制约，如何提高铁路货车检修工人的业务素质，适应铁路快速发展需求，也是我们教育工作者目前急需解决的问题。我们必须更新观念，转变工作作风，牢固树立“为生产一线服务，服务于生产一线”的思想意识，从职工需求出发，把“职工所想的就是我们所做的”的工作作风贯彻始终。为此，我们根据职工工作繁忙，培训时间得不到保障，急需一本能够有效指导生产实际，满足岗位需求，简单、明了、实际、实用、省时的书籍的实际情况，编写了《车辆定检岗位应知应会》培训教材，为广大职工日常业务的学习、操作技能的提高提供了可靠支持，从而服务于安全生产。

《车辆定检岗位应知应会》以《铁路货车段修规程》、《铁路货车制动装置检修规则》、《铁路货车轮轴组装检修及管理规则》为依据，根据从事铁路货车检修工作的各岗位应知应会要求而编写。本书本着“干什么、学什么”的原则，兼顾生产实际，对各岗位应掌握的工艺标准、检修知识、新技术知识按照岗位(工种)进行了归纳、梳理，以方便职工的日常业务学习,掌握本岗位的业务知识。本书从生产组织、工艺流程特点出发,共分为8个岗位(工种),旨在方便职工学习技术业务,提高职工岗位技能水平,满足生产需求。由于水平有限,书中不妥之处,恳请读者指正。

《车辆定检岗位应知应会》编写人员有:崔勇建、李子明、陈福、吉树萍。审稿人员有王保平、高辉。

本书内容如有与铁道部颁布标准、要求不一致的,以铁道部颁布标准、要求为准。

编 者

2009年8月

目 录

1 车 钳 工

1.1 综 合 部 分

1. 段修周期为 1 年的货车有哪些?

答:段修周期为一年的货车有 P_{60}、P_{13}、P_{61} 等型普碳钢棚车,P_{65}、P_{65S} 型行包快运车,C_{16}、C_{16A}、C_{62A}(车号为 44 字头)、CF、C_{5D}、C_{61}、C_{64A} 型敞车,罐车(GF_{70}、GF_{70H} 除外),矿石车,U_{15}、U_{60}、U_{60W} 型水泥车,机械冷藏车,X_{6A} 集装箱平车,平车(含 NX 系列),家畜车,粮食车,守车,长钢轨车,载重 60 t 的凹型车,毒品车等。

C_{61Y}、C_{63}、C_{63A} 型敞车的段修周期为 20 万 km 或 1 年。

2. 段修周期为 1.5 年的货车有哪些?

答:段修周期为 1.5 年的货车有 P_{62} 和其他耐候钢棚车,C_{62A}(车号为 45 字头开始)和其他耐候钢敞车,U_{61W}、U_{61WZ} 型水泥车等。

3. 段修周期为 2 年和 3 年的货车分别有哪些?

答:段修周期为 2 年的货车有 C_{70} 系列敞车、棚车、氧化铝粉罐车、矿石车,X_{4K} 集装箱平车,L_{18} 以及厂、段修周期原分别为 9 年、1.5 年的不常用专用车,其他型不常用专用车,载重 90 t 以上的车辆。

C_{76}、C_{80} 系列敞车的段修周期为 40 万 km 或 2 年。

段修周期为 3 年的货车有 1996 年以后生产的 D_{10}(经轴承密封改造)、D_{22G}、D_{12}、D_{70} 型长大货物车。

4. 货车的哪些零部件实行寿命管理?

答:除特种车的专用零部件外,货车的下列主要零部件实行寿命管理：摇枕、侧架、车轴、钩体、钩尾框、钩舌、无轴箱滚动轴承、MT-2 型、MT-3 型、ST 型缓冲器、交叉杆轴向橡胶垫、弹性旁承橡胶体、JC 型旁承磨耗板、心盘磨耗盘、轴箱橡胶垫、弹簧托板（转 K5 型）、摇动座（转 K5 型）等。

5. 对实行寿命管理的零部件，有哪些基本规定？

答：（1）无制造单位、时间标记时报废。

（2）寿命期限以制造时间为准，时间统计精确到月。

（3）剩余寿命小于 1 个段修期者，经检查确认质量状态良好，可继续装车使用，并由装车单位负 1 个段修期的质量保证责任。

6. 货车转向架的摇枕、侧架寿命管理除基本规定外，还有哪些规定？

答：（1）使用时间满 25 年时报废。

（2）使用时间满 20 年而未满 25 年，但 A、B 部位裂纹时报废。

（3）使用时间满 20 年以上的摇枕、侧架不得装用于 C_{64}、C_{62B}、C_{63}、C_{61}、P_{62N}、P_{63}、P_{64}、P_{65} 等型（系列）增载车辆上。

7. 货车钩体、钩尾框寿命管理除基本规定外，还有哪些规定？

答：（1）钩体有下列情况之一时报废：

① C 级钢、E 级钢钩体使用时间满 25 年；使用时间满 20 年而未满 25 年，但钩身、冲击台或牵引台横裂纹。

② 普碳钢钩体使用时间满 20 年；使用时间满 15 年而未满 20 年，但钩身、冲击台或牵引台横裂纹。

（2）钩尾框有下列情况之一时报废：

① C 级钢、E 级钢钩尾框使用时间满 25 年；使用时间满 20 年而未满 25 年，但横裂纹或纵裂纹长度大于 30 mm。

② 普碳钢钩尾框使用时间满 20 年；使用时间满 15 年而

未满 20 年,但钩尾框裂纹。

③ 分解材质为 ZG230-450 的 13、13A 型钩尾框,裂纹或磨耗超限。

8. 货车钩舌寿命管理除基本规定外,还有哪些规定?

答:(1)钩舌使用时间满 20 年报废。

(2)铸造标识为 SP 的钩舌报废。

9. MT-2、MT-3、ST 型缓冲器寿命管理除基本规定外,还有哪些规定?

答:(1)MT-2、MT-3 型缓冲器制造质量保证期、大修后质量保证期均为 6 年;ST 型缓冲器制造质量保证期为 6 年。

(2)MT-2、MT-3、ST 型缓冲器使用时间满 18 年(以箱体标记为准)报废。

(3)MT-2、MT-3 型缓冲器使用时间超过 9 年时,送厂大修。

(4)ST 缓冲器使用时间超过 6 年时,分解检修。

10. 交叉杆轴向橡胶垫、弹性旁承橡胶体、JC 型旁承磨耗板、心盘磨耗盘、轴箱橡胶垫寿命管理除基本规定外,还有哪些规定?

答:交叉杆轴向橡胶垫、弹性旁承橡胶体、心盘磨耗盘、轴箱橡胶垫使用时间满 6 年时报废;JC 型旁承磨耗板使用时间满 5 年时报废。

11. 转 K5 型弹簧托板、摇动座寿命管理除基本规定外,还有哪些规定?

答:转 K5 型弹簧托板、摇动座使用时间满 8 年报废。

12. 车型编码尾部加注大写字母 K、H、T 有何含义?

答:除有特殊规定外,因装用转向架型式的变化而引起车型变化时,在车型编码尾部加注字母 K 表示该车新装、换装转 K2 型交叉支撑装置转向架,商业运营速度为 120 km/h。

加注字母 H 表示该车装用转 K4、转 K5 型摆式转向架，商业运营速度为 120 km/h(C_{80H} 为 100 km/h)。加注字母 T 表示该车换装有转 8AG 型或转 8G 型转向架，商业运营速度为 100 km/h；加注字母 T 的车型进行 120 km/h 提速改造后，原转 8AG 型转向架称为转 8AB 型转向架、原转 8G 型转向架称为转 8B 型转向架，原车型称呼不变。

13. 不同型号车辆装用转向架及专用配件有何规定?

答:车辆检修时装用转向架及专用配件须符合规定见表 1－1:

表 1－1 不同型号车辆装用转向架及专用配件规定说明表

序号	转向架及配件	轮对型号	车种车型	备 注
1	转 8AG、转 8G 型	减重轮对	C_{64T}、P_{64AT}、P_{64GT}、NX_{17BT} 等	
		RD_2	其他车型编码尾部加注字母 T 的车辆	
2	转 K1 型	提速轮对	P_{65}	
3	转 K2 型	提速且减重轮对	P_{65}、P_{65S}、P_{64AK}、P_{64GK}、NX_{17BK} 等	
		提速轮对	其他车型编码尾部加注字母 K 的车辆	
4	转 K3 型	提速轮对	X_{1K}	
5	转 K4 型	提速且减重轮对	P_{65}、C_{64H}、P_{64AH}、P_{64GH}、NX_{17BH} 等	
		提速轮对	其他车型编码尾部加注字母 H 的 60 t 级车辆	
6	控制型	RD_2	C_{63}、C_{63A}	装用 16、17 号车钩

续上表

序号	转向架及配件	轮对型号	车种车型	备 注
7	2TN	RD_{2Y}	C_{61Y}	
8	25 t 轴重低动力作用	RE_{2A}、RE_{2B}	C_{76A}	装用 16、17 号车钩
9	25 t 轴重	RE_{2A}、RE_{2B}	C_{76B}	装用 16、17 号车钩
10	2E 中支撑	RE_{2A}、RE_{2B}	C_{76C}	装用 16、17 号车钩
11	转 K5	RE_{2A}、RE_{2B}	C_{80H}、C_{80AH}、C_{80BH}	装用 16、17 号车钩、牵引杆
		RE_{2A}、RE_{2B}	C_{76H}	装用 16、17 号车钩
12	转 K5	RE_{2B}	其他车型编码尾部加注字母 H 的 70 t 级车辆	装用 17 号车钩
13	副构架	RE_{2A}、RE_{2B}	C_{80C}	装用 16、17 号车钩或牵引杆
14	转 K6	RE_{2A}、RE_{2B}	C_{80}、C_{80A}、C_{80B}、C_{76}	装用 16、17 号车钩或牵引杆
		RE_{2B}	车型编码尾部不加注字母 H 的 70 t 级车辆	装用 17 号车钩
15	MT-3 型缓冲器		装用凹型冲击座的车辆	
16	MT-2 型缓冲器		C_{63}、C_{63A}、C_{76}系列、C_{80}系列、及 70 t 级车辆	部分 C_{80}装用其他新型缓冲器
17	转 K7	RE_{2B}	C_{80BF}	

注 1：装用 RD_2 型轮对者可装用提速且减重轮对和提速轮对，装用提速轮对者可装用提速且减重轮对。

注 2：原装用减重轮对者，可装用轮辋厚度小于 55 mm 的非减重轮对。

14. 装用转 8G(转 8AG)型转向架既有铁路货车 120km/h改造工作具体内容有哪些?

答:(1)换装 JC-1 型弹性旁承。

(2)换装组合式斜楔。

(3)换装侧架立柱磨耗板。

(4)换装组合式制动梁、高摩闸瓦。

(5)取消交叉杆安全链,加装安全索。

(6)原车装用 14 in 制动缸的,须换装 10 in 制动缸。

(7)原车装用的 60 L 副风缸的,须换装 40 L 副风缸。

(8)原车装用 GK 或 103 阀的,须进行 120 阀改造。

(9)原车装用 120 阀的,须安装三个缩堵、两个塞堵及一个防误装销。

(10)原车未装用空重车自动调整装置的,应加装 KZW-A 型空重车调整装置。

(11)原车已装用 KZW-4GAB 型空重车调整装置的,须拆除与调整阀相通的三通、压力开关、6 L 风缸及所属管路。

(12)原车已装用 TWG-1AB 型空重车调整装置的换装 KZW-A 型空重车自动调整装置。

(13)原车装用 14 in 制动缸的,须对前、后杠杆进行改造。

(14)按厂、段修规程规定需更换交叉杆者,则采用 C 型交叉杆。

(15)新装横跨梁须符合 QCZ106A—90—00 的要求。

15. 转 K7 型转向架主要用途是什么?

答:转 K7 型转向架主要用于大秦线载重 80 t 级运煤敞车,也可用于其他载重 70 t 级铁路货车,并能满足货车 120 km/h的要求。

16. 转 K7 型转向架的设计原理是什么?

答:转 K7 型转向架是在原三大件转向架的基础上将一个轮对的左右两个承载鞍相连,形成 U 形副构架。前后两个轮对通过连接杆与两 U 形副构架销接在一起,从而形成自导向机构。这种结构在转向架通过曲线时,由于前轮对的导向作用,将拉、压力通过连接杆传递到后轮对,再加上一系橡胶堆的存在,使得转向架具有较小的抗弯刚度,允许转向架轮对在曲线上作径向或八字形位移,限制菱形位移,提高了系统的稳定性。

17. 转 K7 型转向架的特点有哪些?

答:转 K7 型转向架保留了传统的三大件结构和摩擦减振装置,增加了自导向机构,相对于传统的三大件结构转向架,具有以下特点:

(1)安装于侧架和轴箱承载鞍之间的橡胶元件起了第一系悬挂的作用,降低了簧下质量,减小了轮对和轨道间的作用力。

(2)采用轴箱悬挂,并采用变刚度弹簧和合理的摩擦阻力以提高运行品质。

(3)采用弹性旁承,增加车体与转向架之间的回转阻力矩,以提高转向架蛇形稳定性。

(4)采用一系弹性橡胶堆,减小转向架的横向悬挂刚度,提高车辆横向平稳性。

(5)采用轮对径向机构,解决蛇形稳定性和曲线通过性能的矛盾,大幅减少轮轨磨损,也有利于降低牵引能耗和减少环境污染。

(6)增大转向架的抗菱刚度,提高蛇行运动的临界速度。

18. 转 K7 型转向架主要由哪些部件组成?

答:转 K7 型转向架为铸钢三大件式货车转向架。主要由轮对组成、侧架组成、橡胶堆、摇枕组成、基础制动装置、滚动轴承装置、JC 型双作用弹性旁承、轮对径向装置、组合式斜楔等部件组成。

19. 什么是 B、C、E 级钢?

答:美国 AAR 标准将机车车辆用铸钢材料,按其强度递增次序,分为 A、B、C、D 和 E 级钢 5 个等级,其中 B、C 和 E 级钢为常用材料。

化学成分只规定 C、Si、Mn、P 和 S 等 5 种元素的上限,允许加入其他合金元素。

力学性能满足规定的要求。如 AAR 对 B 级钢的性能要求:$\sigma_b \geqslant 485$ MPa,$\delta \geqslant 22\%$,$\psi \geqslant 36\%$。

1.2 车体检修岗位

1. 各型车车体段修时有何共同要求?

答:(1)上端梁、上侧梁、柱、斜撑、侧柱连铁、侧板、端板、顶板、遮光板、门、窗、扶梯等钢质配件弯曲、腐蚀严重、丢失、裂纹、破损时调修、焊修、补装、挖补、补强或更换。

(2)车门口处木质、竹质地板边缘护铁或压铁须完整,不良时修理或更换(原结构无护铁者除外)。

(3)顶走板、端走板须安装牢固,木地板更换时须按规定。

(4)车体钢结构、各部钢板裂纹、腐蚀严重、破损时焊修、挖补或补强。

(5)各配件齐全良好,门、窗开闭灵活,门与柱、板间隙或搭接量符合规定。

(6)棚车的工作室、押运间,车体门、窗须进行透光检查。车顶修补处须进行漏雨试验(冰冻期间可进行渗漏试验)。

(7)内墙板、内顶板的压条用螺栓紧固者,每根压条上至少点焊两条螺栓或使用自锁螺母。

(8)装用在钢结构上不符合规定的票插须更换。票插须安装在厚度为2 mm的槽型钢板托上,用螺栓紧固,焊于规定位置(罐车按原设计)。

2. 车体钢结构施修时有何要求?

答:(1)车体钢结构材质为耐候钢材质时,须使用耐候钢材质钢板补强、截换、挖补,并使用耐候钢焊条焊修。

(2)车体钢结构材质为高强度耐候钢材质时,须使用高强度耐候钢材质钢板补强、截换、挖补,并使用J556CrNiCu碱性焊条焊修。

(3)铆结构者允许焊补,补强板须盖过腐蚀处边缘20 mm以上,其厚度不小于原板厚度。

3. 车体钢结构易发生裂纹的部位有哪些?

答:货车钢结构裂纹多发生在底架应力较大部位,而这些部位又往往由于断面变化、焊缝复杂或开铆钉孔、制动杠杆孔等造成应力集中。如:枕梁与中梁节点附近,由于承担的载荷大,在组焊心盘座时又有多条焊缝交汇、焊缝复杂、应力集中,因而在枕梁根部和中梁隔板(枕梁处)产生裂纹,侧柱与侧柱连铁之间的焊缝易产生开裂。

4. 车体的变形主要有哪些?其原因是什么?

答:车体的变形主要有敞车侧柱的外涨和局部凹陷,角柱的外胀,上侧梁的弯曲变形,各梁柱的局部弯曲,端墙、侧墙外胀,墙板表面的凸凹和压筋板凸筋失稳变形等。产生变形的原因与底架变形的原因大致相同,尤其是由于机械化卸车造成的敞车变形最为严重。

5. 货车中梁、侧梁段修时应重点检查哪些部位?

答:(1)中梁、侧梁及底架应彻底检查。

(2)中梁、侧梁腐蚀严重的车辆要详细检查。

(3)中梁腹板开有制动管孔的,应在开口处细心检查。

(4)一侧有补强板的中梁,要注意检查无补强板的一侧有无裂纹。

(5)侧柱外涨时,应注意其根部铆钉孔或焊接处有无裂纹。

(6)带有补强板的中梁,应注意检查补强板焊缝可能引起的裂纹。

(7)带有几段拼焊盖板的中梁,应详细检查焊缝处有无盖板开焊及可能导致的翼板裂纹。

6. 中梁的补强要求有哪些?

答:(1)中梁上的补强板距制动主管孔、杠杆孔、枕梁、横梁腹板小于50 mm时,长度须盖过上述孔或腹板外侧50 mm以上,高度须大于腹板高的80%。

(2)两根中梁(牵引梁除外)的相对补强板两端部均须错开150 mm以上。同一中梁相邻两补强板内端部距离不小于300 mm。

7. 中梁、侧梁在枕梁间下垂段修限度为多少?左右旁弯段修限度为多少?

答:货车段修时,中梁、侧梁在枕梁间下垂不大于30 mm,超过时须调至水平线0~12 mm。

货车段修时,中梁、侧梁左右旁弯不大于30 mm。

8. 敞车侧柱外胀的段修限度为多少?

答:段修时,敞车侧柱外胀不大于30 mm。(以两角柱为测量基准)

9. 简述调梁机调修作业注意事项。

答:(1)在使用调梁机时,首先必须对调梁机各部位进行安全检查,观察周围有无障碍物。同时,应对各工具、夹具、吊具进行检查。

(2)在使用调梁机时,严禁用机械冷调。

(3)在机械调修时,局部加热温度及加热面积需根据各梁弯曲程度决定。

(4)调修时,须两人及以上同时操作;用机械调修加外力时,操作者须站在安全地点观察。

(5)调修完毕,检查所调部位及相关部位有无裂纹或焊缝开裂,如有裂纹或焊缝开裂,须在车体上做明显标记,并做记录。

10. 牵引梁内侧及其磨耗板的磨耗限度是多少?

答:牵引梁内侧局部磨耗深度大于3 mm时堆焊或挖补。牵引梁内侧磨耗板磨耗深度:厚度为10 mm的不大于3 mm,厚度为3 mm的不大于1 mm,超限时更换。

11. 目前上心盘主要可分为哪些类型?

答:上心盘按制造工艺主要可分为铸钢上心盘和锻钢上心盘两种;按形状可分为平面上心盘和球面上心盘两种;普通平面上心盘按直径尺寸主要可分为配套转8A型用直径295 mm,配套转8AG、转8G、转8AB、转8B型用直径300 mm,配套转K2、转K4型用直径338 mm,配套转K5、转K6型用直径358 mm等4种。

12. 平面上心盘裂纹易发生于何处?段修时如何处理?

答:(1)上心盘裂纹易发生在凸台根部、铆钉孔或螺栓孔处。

(2)上心盘裂纹时可焊修,但焊前须在裂纹末端钻止裂孔,沿裂纹铲坡口,并须预热,焊后进行正火热处理,以便消除内应力。对低合金高强度铸钢上心盘焊修时,须按焊修规范进行焊前预热,焊后缓冷方法进行,焊条应使用与铸钢上心盘相对应的等强度合金钢焊条。

13. 平面上心盘检修的工艺流程是什么?

答:平面上心盘检修的工艺流程如下:除锈→检测→自动

堆焊→焊修→热处理→调平→加工→检查→涂漆→存放。

14. 平面上心盘段修时有何要求?

答:(1)外圆周裂纹总长度大于 200 mm 或其他平面处裂纹大于 80 mm 时分解焊修,圆周裂纹焊修后须加工恢复原型;不大于时,可不分解,但须焊修后磨平。上心盘圆周裂纹总长度大于周长的 50% 时焊修后加工,圆弧半径不小于 15 mm。

(2)直径磨耗大于 3 mm 或平面磨耗大于 6 mm 时分解修理,焊修后加工恢复原型。

(3)换装上心盘时,装用转 8AG、转 8G、转 8B、转 8AB、转 K1、转 K2、转 K4 型转向架的车辆,均须装用锻钢上心盘。原装用低合金高强度钢者,须装用原材质或锻钢上心盘;原装用锻钢者不得换装为其他材质的上心盘。

(4)上心盘在铆装前与梁接触面须涂防锈漆。检查铆装的上心盘相关尺寸与装用车型的要求相符,不得混装、错装。

15. 上旁承段修时有何要求?

答:(1)检查上旁承状态良好时可不分解,裂纹时更换,常接触式上旁承磨耗板磨耗段修超过 2 mm 或裂纹时更换,焊缝开裂时焊修,新上旁承磨耗板下平面须抛光,组装螺栓与螺母须点焊固。

(2)装用转 8AG、转 8G、转 8AB、转 8B、转 K2、转 K4、转 K5、转 K6 型转向架的车辆,均须装用常接触式上旁承。

(3)装用转 8AB、转 8B 型转向架的车辆上旁承横向中心线至心盘中心的距离应为(760 ± 2) mm;同一端两上旁承下平面与上心盘下平面平行度为 1.5 mm,距离为(83 ± 2) mm,两上旁承下平面高度差不大于 1 mm。

(4)装用转 K2 型转向架上旁承中心相对上心盘中心(760 ± 2) mm;上旁承下平面与上心盘下平面距离:敞、棚车

76^{+4}_{-2} mm,平车、平—集共用车、罐车(760 ±2) mm,但下心盘加装调整垫板者除外。上旁承组装后,其上旁承下平面与上心盘下平面平行度不大于 1. 5 mm。

(5)上旁承调整垫板总厚度:装用转 8AG、转 8G、转 8B、转 8AB 型转向架者为 2 ~20 mm,数量为 1 ~2 块;装用转 K2 型转向架者为 2 ~35 mm,数量 1 ~3 块。装用转 K5 型转向架者为 2 ~25 mm,数量 1 ~3 块;装用转 K6 型转向架者为 2 ~25 mm,数量 1 ~2 块。转 K4 下旁承组成装用橡胶弹性旁承时,当心盘垫厚度大于 25 mm 时,可在上旁承焊装厚度不小于 20 mm 的垫板。

(6)常接触式上旁承调整后,其磨耗板、调整垫板、上旁承面的组装间隙不大于 0. 5 mm。螺栓下面不能高于磨耗板下平面;将组装上旁承组成的螺栓与螺母点焊固。

16. 脚蹬段修时有何要求?

答:(1)裂纹时焊修后补强或截换、更换,弯曲时调修。

(2)棚车车门处脚蹬须为焊装(P_{70}、P_{61} 型车除外),其他脚蹬须为铆装。1、4 位脚蹬的最下一阶处须有护板(冰冷车除外),焊装的踏板下面须有筋板。

(3)脚蹬下平面至钢轨上平面垂直距离应为 400 ~500 mm。

17. 铝合金型材如何检修?

答:(1)上侧梁、下侧梁在相邻两侧柱间上下弯曲大于 30 mm、左右旁弯大于 25 mm 时调修。

(2)上侧梁上平面磨耗深度大于 8 mm 时焊补,更换时应采用原型上侧梁。

(3)下侧梁外平面磨耗深度大于 6 mm 时修补或更换,更换时应采用原型下侧梁。

(4)侧柱左、右弯曲大于 25 mm,外胀大于 30 mm 时调修;平面磨耗深度大于 5 mm 时焊修。

（5）上侧梁、下侧梁、侧柱、端柱、角柱、辅助梁翼板横裂纹时用厚6～8 mm、材质为5083－H321的铝合金板及专用拉铆钉按下列规定铆接补强：

①翼板横裂纹小于翼板宽度的50%及铆钉孔周边裂纹小于10 mm时，焊修后补强。

②补强板宽度边缘距铆钉孔中心应大于30 mm，受空间限制不能满足要求时应大于20 mm，补强板的长度边缘距铆钉孔中心应大于30 mm。

③铆钉孔周边裂纹补强时，应将该孔两侧相邻铆钉同时切除，焊后补强。

④翼板横裂纹补强时，补强板应盖过裂纹处两侧应各大于或等于1个铆钉孔的长度。

⑤翼板横裂纹大于翼板宽度的50%及铆钉孔周边裂纹大于10 mm时更换，更换时应采用原型侧柱，主体裂纹时焊修。

（6）角柱、端柱弯曲大于30 mm时调修。

（7）撑杆横裂纹、弯曲大于80 mm时更换，纵裂纹时焊修。铝制撑杆更换时应为钢制撑杆。

18. 铝合金板材如何检修？

答：（1）侧墙板内凹、外涨大于30 mm时调修，端墙板内凹、外涨大于40 mm时调修。

（2）侧墙板、端墙板、斜端板、铝地板、浴盆板裂纹时，在裂纹端部钻ϕ8 mm止裂孔，用厚6～8 mm、材质为5083－H321的铝合金板及专用拉铆钉按下列规定铆接补强：

①补强板周边均应盖过裂纹及止裂孔60 mm以上，铆钉孔间距参照相邻部位铆钉孔距确定。

②浴盆板应采用双侧加补板结构，其余可采用单侧补板结构。

③如出现不规则孔且其包络圆直径小于300 mm时，应

消除其尖锐部分或倒钝，按上述方法进行修补；不规则孔且其包络圆直径大于300 mm时应更换。

(3)浴盆板与中梁盖板(腹板)、下侧梁连接的铆钉孔裂纹时，焊后补强，并应符合下列要求：

①补强板厚8 mm、材质为5083－H321，用专用拉铆钉铆接补强。

②补强板两端边缘应盖过裂纹处两个铆钉孔，孔中心距板边缘大于30 mm，板宽度方向的孔中心应盖过止裂孔并大于60 mm(板宽大于210 mm)，并对应浴盆中、侧梁铆钉孔增加一排铆钉。

③当板宽超过260 mm时，补强板两端边缘增加铆钉，铆钉孔间距为130～180 mm。

(4)端墙组成中用于侧端柱与辅助梁间的连接板裂损时更换。

19. 铝合金下侧门如何检修？

答：(1)车门应开闭灵活。门锁、门搭扣开关作用良好。横穿圆销应有圆垫圈，车门组装圆销与垫圈半面满焊，垫圈与组装件应有轴向间隙。

(2)门折页及门折页座弯曲时调修，裂损时修理或更换。

(3)门折页销、门搭扣、门口钢护板等附属配件，应齐全良好、安装牢固。

(4)下侧门内侧面下部应有两个支撑座，支撑座焊缝开裂时清除焊波重焊，支撑座丢失时补装。

(5)车门缝隙大于8 mm时调修。

20. 铝合金车体其他部分如何检修？

答：(1)角部连铁裂纹时，清除裂纹焊修或更换。

(2)专用拉铆钉松动、破损、丢失时更换、补装。

(3)钢材与铝合金材料接触部位电化腐蚀超过铝材厚度

20% 时,应分解且安装防电化腐蚀专用胶带重新铆接或更换。

(4)票插松动时应用铝铆钉铆接,破损时更换。

(5)下侧门吊钩座剩余厚度小于 4 mm 时更换。

(6)下侧门吊钩圆钢直径磨耗大于 2 mm 时更换。

(7)车门圆销直径磨耗大于 2 mm 时更换。

1.3　转向架检修岗位

1. 何谓基础制动装置?

答:基础制动装置是制动装置中用于传递、扩大制动力的一整套杆件连接装置。它的作用是把制动缸活塞上的推力增大若干倍以后平均地传给各个闸瓦,使之压紧车轮而产生制动作用。

2. 基础制动装置如何分类?

答:(1)按闸瓦的配置,基础制动装置可分为"单侧制动"和"双侧制动"两种,只在车轮一侧配置闸瓦的,称为单侧制动,一般使用于货车上;在车轮相对两侧都配置闸瓦的,称为双侧制动,一般使用于客车上。

(2)按传动机构的配置,基础制动装置分为"散开式"和"单元式"两种。全车只有一个制动缸,在制动缸和各闸瓦之间有很多杠杆和拉杆联结到一起散开布置在整个车架下面的,称为"散开式";"单元式"的特点是制动缸数量较多,各个制动缸分别设置在各个轮对的附近,制动缸和闸瓦之间杠杆很少,甚至没有杠杆,从制动缸到闸瓦组成一个个非常紧凑的制动单元。

3. 货车基础制动装置由哪些零部件组成?

答:货车基础制动装置一般由制动缸活塞推杆、制动杠杆、连接杠杆、中拉杆、上拉杆、移动杠杆、固定杠杆、固定杠杆支点、制动梁、闸瓦、闸瓦间隙自动调整器及手制动拉杆等组成。另外控制杠杆、控制杆、附加杠杆、附加拉杆、闸瓦托吊等零部件，也属于基础制动装置零部件范畴。

4. 基础制动装置的摩擦及转动部分为何须涂润滑脂？

答：基础制动装置的摩擦及转动部分涂润滑脂的目的，是为了减小摩擦阻力，使基础制动装置作用灵活，提高制动效率，同时可防止锈蚀，延长零部件的使用寿命。

5. 简述构架冲洗有何要求？

答：(1)冲洗介质不得使用碱水。

(2)构架冲洗水温及时间须符合有关要求。

(3)不得借助交叉杆或弹簧托板吊装、支撑或移动转向架。

(4)冲洗后，构架表面不得有锈垢。

6. 为何不得借助交叉杆吊装、支撑和移动转向架？

答：借助交叉杆吊装、支撑和移动转向架时，会引起交叉杆变形，使两个侧架的相对位置发生变化，从而影响转向架组装的正位，导致转向架的运行性能下降。

7. 转 K4、转 K5 型摆式转向架吊装、移动时有何要求？

答：为防止在检修、组装、调整过程中扭曲弹簧托板，转 K4 等型摆式转向架不得借助弹簧托板吊装、支撑及移动转向架，组装后，同一轮对侧架须同时起降，禁止顶升一端。

8. 如何清除转向架重要件的裂纹？

答：探伤确定裂纹的长度，在裂纹的两端钻止裂孔，采用角向磨光机或尖铲等工具清除零部件的裂纹；按焊接的要求开制焊接坡口。

9. 为何下心盘要安装心盘磨耗盘？

答：心盘磨耗盘采用特种尼龙材质，通过压铸和切削加工方式制造，具有良好的耐磨性。在上、下心盘之间安装心盘磨耗盘，能解决长期困扰车辆检修部门的上、下心盘磨耗严重的问题,同时,有助于车体相对转向架回转阻力矩值的稳定。

10. 心盘磨耗盘检修要求有哪些?

答:(1)心盘磨耗盘使用时间满6年时报废。

(2)心盘磨耗盘允许有1处从周边至中心孔的裂纹或2处以上长度之和不大于150 mm的裂纹,超限时更换。

(3)立面磨耗不大于2 mm;底面磨耗:转8AG、转8G、转8AB、转8B型不大于2 mm,转K2、转K4、转K5、转K6、控制型不大于3 mm,超限时更换。原型厚度:转8AG、转8G、转8AB、转8B型5 mm,转K2、转K4、转K5、转K6型立面6 mm、底面7 mm。

11. 平面下心盘段修工序是什么?

答:平面下心盘段修工序如下:除锈→检测→自动堆焊→焊修→热处理→调平→加工→检查→涂漆→涂打标记→存放。

12. 平面下心盘裂纹易发生于何处?段修时如何处理?

答:(1)下心盘裂纹易发生在螺栓孔处、立棱上、立棱圆周根部、环形平面及背部筋处。

(2)心盘裂纹可施行焊修,但焊前须在裂纹末端钻止裂孔,沿裂纹铲坡口,预热后焊修,焊后进行正火热处理,以便消除内应力。

13. 平面下心盘段修时须符合哪些要求?

答:(1)平面裂纹时须钻止裂孔,清除裂纹后焊修,焊修后须热处理(经埋弧自动堆焊处除外)。

(2)平面磨耗超限时焊修后加工,恢复原型。

14. 下心盘调整垫板如何选配?

答:(1)用钢板尺测量摇枕心盘安装座上平面与钢轨面的实际值,用以下公式计算心盘垫板的厚度;

心盘垫板最小厚度 $= L_1 - L_2$

式中 L_1——转向架自由高度,转8A、转8G、转8AG、转8B、转8AB、转K4、控制型为678 mm;转K2为685 mm;转K5、转K6型为669 mm;

L_2——摇枕心盘安装座与钢轨面的实际值。

心盘垫板最大厚度=心盘垫板最小厚度+10 mm

(2)心盘垫板厚度序列为:8、10、15、20、25、30、35、40、45、50、55、60 mm。

(3)平面下心盘垫板组装时须符合下列要求:

① 须使用钢质或竹质垫板。竹质垫板厚度不大于40 mm;钢质与竹质混装时,钢质垫板须放于底层。

② 螺栓组装的下心盘垫板总厚度不大于60 mm,厚度小于20 mm时,须使用每块厚度不小于8 mm的钢质垫板,钢质垫板超过1层时,须在钢板层间四周点焊固。

③ 竹质垫板可于车辆横向2块拼装,各占一半。

④ 竹质垫板除可与钢质垫板叠装外,须单层使用,厚度不小于20 mm。

⑤ 转K4、转K5、转K6及控制型转向架须使用钢质垫板,不超过2块,总厚度不大于40 mm。

15. 段修时应如何控制下心盘的组装质量?

答:(1)清除摇枕心盘安装座面螺栓孔及中心销孔周围的毛刺,磨平凸起。

(2)在摇枕心盘安装座上涂防锈漆,安装下心盘垫板、下心盘;经过提速改造的转K2型下心盘须有倒棱。

(3)根据心盘垫厚度选用不同长度的螺栓穿入心盘螺栓孔内。

(4)下心盘螺栓须使用FS型或BY-B、BY-A型防松螺母,并配套使用强度符合GB 3098.1规定的10.9级、精度等级符合GB 9145中6 g要求的螺栓,螺栓头部须有10.9级标记;转 8A 型转向架下心盘螺栓、螺母组装时,须采用符合要求的锁固剂,按要求对转 8A 型转向架下心盘连接螺栓与螺母啮合部位进行锁固。装用 BY 型防松螺母时均须安装符合 GB/T 7244 规定的加重型弹簧垫圈,装用 FS 型防松螺母时,须取消弹簧垫圈并安装符合 GB/T 6172 要求性能等级为 04 级的薄螺母。螺栓规格:转 K1、转 K2、转 K4、转 8A、转 8AG、转 8G、转 8AB、转 8B 型为 M22,转 K5、转 K6 型为 M24。心盘螺栓拧紧力矩:FS 型不小于 300 N·m,BY 型 M22 螺栓为 747~830 N·m、M24 螺栓为 941~1 046 N·m。螺栓紧固后,M22 者安装 ϕ4 mm 开口销,M24 者安装 ϕ5 mm 开口销,劈开角度为 60°~70°。

(5)清除下心盘内异物,放入心盘磨耗盘。

(6)放入中心销,插入摇枕长度及露出长度均不小于 150 mm。

16. 下旁承段修基本要求有哪些?

答:(1)下旁承(座)全部进行检修。

(2)转 8A、控制型下旁承体、常接触式下旁承座(体)裂纹或破损时更换。

(3)钢垫板的长、宽比下旁承体的长、宽分别小 10 mm,厚度不小于 2 mm。

17. 转 8AG、转 8G、转 K2 型弹性旁承组成的检修要求有哪些?

答:(1)下旁承磨耗板破损或顶面磨耗大于 2 mm,与旁承座配合侧面(单侧)磨耗大于 3 mm 时更换。

(2)弹性旁承橡胶体允许有龟裂,但表面裂纹深度大于 5 mm或水平投影长度大于该边长的 30% 时更换。

(3)旁承座与滚子轴接触凹槽磨耗大于 3 mm 时焊修,加工恢复原型。

(4)旁承滚子、滚子轴径向磨耗、腐蚀深度大于2 mm或严重变形影响作用时更换。

(5)旁承滚子与滚子轴的间隙大于1 mm时更换;旁承座底面、侧面磨耗深度大于2 mm时,堆焊后加工或更换。

18. JC型弹性旁承组成的检修要求有哪些?

答:(1)尼龙磨耗板破损或顶面磨耗大于3 mm时更换,原型厚度旧型为11 mm,新型为(12 ±0.1) mm。

(2)弹性旁承橡胶体表面裂纹深度大于5 mm且水平投影长度大于该边长度的30%时更换。

(3)弹性旁承纵向定位橡胶块与两侧金属板中的一侧全部脱开时更换。

(4)旁承座与滚子轴接触凹槽磨耗大于3 mm时,焊修后加工恢复原型。

(5)旁承滚子外径径向磨耗、腐蚀深度大于2 mm或严重变形影响作用时更换。旁承滚子与滚子轴的间隙大于2 mm时更换。

(6)旁承座底面、侧面磨耗大于2 mm时,更换或与弹性旁承体分离后堆焊加工恢复原型。

19. 简述转K4、转K5型橡胶弹性下旁承组成的检修要求。

答:(1)尼龙摩擦板原型厚度12 mm,破损、顶面磨耗大于3 mm时更换。

(2)橡胶体允许有龟裂,但表面裂纹深度大于5 mm或长度大于周长的50%时更换。

(3)橡胶体与金属体连续剥离长度超过圆周周长的30%或累积剥离长度超过圆周周长的50%时更换。

(4)旁承体上、下部底平面的距离*A*小于10 mm时更换新品,距离为10～12 mm时,应在旁承体下平面加装带孔的旁承垫板,垫板厚度为(14 - A) mm。

20. 下旁承组成的组装要求有哪些?

答:(1)转8A、控制型下旁承组成组装时,须符合下列要求:

① 下旁承体坐入旁承盒的深度不小于35 mm。

② 旁承盒下部须至少有1块厚度不小于2 mm的钢垫板。

(2)转8AG、转8G型常接触下旁承组成组装时,须符合下列要求:

① 转8AG、转8G型下旁承上平面与下心盘上平面的距离(含磨耗盘)为(92 ±2) mm,超限时可调整下旁承座及下旁承垫板,下旁承座底部高度不大于30 mm,下旁承调整垫板总厚度为2 ~14 mm,数量为1 ~2块。

② 下旁承磨耗板上平面至滚子上部距离为(14 ±1) mm。

(3)JC型双作用弹性旁承组装时,须符合下列要求:

①下旁承磨耗板上平面至滚子上部距离为(14 ±1) mm,新型JC型旁承磨耗板上平面至滚子上部距离为15^{+2}_{-1} mm,不符时在橡胶体下部加垫板调整。

② 旁承座与旁承盒的纵向间隙之和转K2、转8G、转8AG型不大于2 mm,转K6不大于1 mm,大于时用调整垫板调整至1 mm以内,调整垫板与旁承盒上边缘须焊固。

③ 旁承盒下部须至少有1块厚度不小于2 mm的钢垫板。

④ 转K2型常接触旁承更换时,须全车更换为新型JC型双作用弹性旁承。

⑤转K2型转向架下旁承上平面与下心盘上平面的距离(含磨耗盘)应为(86 ±2) mm,超限时可调整下旁承垫板。

⑥ 转 K2、转 K6 下旁承调整垫板总厚度为 2 ~25 mm,数量为 1 ~3 块。

(4)转 8B、转 8AB 下旁承(JC-1)组装时,须符合下列要求:

① 转 8B、转 8AB 下旁承(不含调整垫)上平面与下心盘上平面的距离(不含磨耗盘)推荐值为 98 mm。

② 旁承磨耗板顶面至支承磨耗板(中间平面范围内)顶面高度 15^{+2}_{-1} mm,新弹性旁承体组装时,严禁在弹性旁承体与旁承座间加调整垫板。

③ 旁承座与摇枕旁承盒间纵向间隙不大于 1 mm,大于 1 mm 时用调整垫板调整,调整垫板与旁承盒上边缘须焊固。

④ 在无旁承垫板状态下,旁承座伸出部分与摇枕旁承盒上部垂向间隙不小于 2 mm,不满足时修磨摇枕旁承盒。

⑤ 下旁承调整垫板总厚度不大于 20 ~30 mm,数量为 1 ~3 块。

(5)转 K4、转 K5 型下旁承组成组装时,须符合下列要求:

① 转 K4 型转向架下旁承上平面与下心盘上平面的距离(含磨耗盘)须为(71 ±2) mm,超限时可调整下旁承垫板。

② 转 K4 型下旁承垫板总厚度为 2 ~25 mm,数量为 1 ~3 块。当心盘垫板厚度大于 25 mm 时,可在上旁承焊装厚度不小于 20 mm 的垫板。

③转 K5 型下旁承垫板总厚度为 20 ~30 mm,数量为 1 ~3 块。

(6)旁承座安装方向须为:同一转向架相反,同一车辆同侧同向。

21. 检修承载鞍时须检测哪些项目?使用的量具主要有哪些?

答:检修承载鞍时须检测:

(1)外观目测无裂纹、变形及缺损、鞍面无碰伤;制造标记清晰。

(2)承载鞍鞍面径向磨耗。

(3)承载鞍推力挡肩距离。

(4)承载鞍导框挡边内侧面水平距离一侧和两侧磨耗。

(5)导框底面磨耗两侧之和。

(6)承载鞍顶面磨耗及偏磨。

使用的量具主要有:承载鞍综合检查样板(用于转8A型);转K2、转K5、转K6型承载鞍综合检测量规;转K2、转K4、转K5、转K6型承载鞍推力挡肩距检测量规;转K4型承载鞍挡边间距85 mm检测量规;承载鞍顶面磨耗及偏磨检测仪(转8A、转K2、转K6型);转K4、转K5型承载鞍凹型顶面检测样板等。

22. 承载鞍的检修作业过程有哪些?

答:(1)承载鞍应在承载鞍微控自动检测设备或检测平台上逐个检查测量。

(2)承载鞍裂纹或变形时更换,不焊修。

(3)转8A、转K2型顶面偏磨大于1.5 mm时加工,磨耗大于5 mm时报废;转K6型顶面偏磨大于1 mm时加工,顶面磨耗大于3 mm时报废。

(4)转K4型(凹型顶面)大于2 mm时更换;转K5型(凹型顶面)不大于3.5 mm时可消除棱角,大于时更换;控制型承载鞍顶面剩余厚度小于20 mm(从鞍面至圆弧最高点处的距离)时更换。

(5)转8A、转K2、转K6型承载鞍导框挡边内侧面水平距离一侧磨耗大于2 mm或两侧磨耗之和大于3 mm时更换;转K4、转K5型两侧磨耗之和大于6 mm时更换。

(6)转 8A、转 K2、转 K4、转 K6 型导框底面一侧磨耗大于 2 mm 或两侧磨耗之和大于 3 mm 时更换;转 K5 型承载鞍导框挡边内侧面两侧磨耗之和大于 6 mm 时更换。

(7)鞍面径向(半径)磨耗大于 0.5 mm 时更换,鞍面磕、碰伤应消除凸起部分。

(8)转 8A、转 8AG、转 8G、转 8AB、转 8B、转 K2、转 K4、控制型承载鞍推力挡肩距不大于 155.8 mm 时消除棱角后使用,大于 155.8 mm 时更换。

转 K5、转 K6 型承载鞍推力挡肩距离不大于 165.8 mm 时应消除棱角,大于 165.8 mm 时更换。

(9)承载鞍垫板裂纹、变形时更换,磨耗大于 2 mm,偏磨大于 1.5 mm 时更换。

23. 试述承载鞍安装的基本要求。

答:(1)同一车辆承载鞍型式须一致,D 型承载鞍Ⅰ型与Ⅱ型不得混装,转 K2 型与转 K4 型承载鞍不得混装,承载鞍铸造标记须朝向侧架外侧。转 8A 型组装前,须在侧架导框内侧面、立面(即导框摩擦面)各部位均匀涂抹适量润滑脂,润滑脂厚度不小于 1 mm。

(2)将轴箱弹簧或轴箱橡胶垫放在承载鞍顶面,轴箱橡胶垫的铜绞线须装在转向架内侧。

(3)组装承载鞍及轴箱橡胶垫并用专用卡具固定。

24. 试述承载鞍的组装要求。

答:(1)轮对、承载鞍须正位;承载鞍推力挡肩内径与前盖、后挡最大外径间的径向间隙不小于 2 mm;承载鞍挡边外侧与前盖、后挡凸缘间隙均不小于 2 mm。

(2)承载鞍与导框间隙须符合规定。

(3)转 8A 型转向架承载鞍顶面全数安装 1 块钢垫板。转 8AG、转 8G 型同一转向架 4 个承载鞍上平面距轨面高度差不大于1 mm,大于时可在承载鞍顶面安装1块不同厚度的垫板调整,同一轮对须同时安装垫板。转8AG、转8G型转向架的车轮直径小于ϕ770 mm时,须在承载鞍上安装1块钢垫板。

(4)转8A、转8AG、转8G、转8AB、转8B型侧架承载鞍支承面与承载鞍顶面(或与垫板顶面)接触须良好,局部间隙用1 mm塞尺检查,深入量不大于20 mm。

(5)转K4、转K5型转向架承载鞍、导框摇动座、减振外圆弹簧须匹配,具体要求为:

① 无识别标记的R250 mm大圆弧半径承载鞍配无识别标记的R125 mm大圆弧半径导框摇动座;

② 识别标记为"A"和"A1"的R80 mm小圆弧半径承载鞍配识别标记为"A1"的R70 mm小圆弧半径导框摇动座。

③ 转K4型转向架装用的识别标记为"A"的承载鞍和导框摇动座报废需补充时,应补充识别标记为"A1"的承载鞍和导框摇动座;转K5型转向架装用的识别标记为"A"的承载鞍和导框摇动座报废需补充时,应补充识别标记为"A1"的承载鞍和导框摇动座。

④ 装用无识别标记的R250 mm大圆弧半径承载鞍的转K4型转向架,原无识别标记的自由高为275 mm的减振外圆弹簧状态正常时可不更换,如需更换时,应换装265 mm自由高减振外圆弹簧,但同一转向架的减振外圆弹簧须相同。

⑤ 识别标记为"A"或"A1"的转K4型R80 mm小圆弧半径承载鞍须配套装用自由高为265 mm、识别标记为"K4-265"的减振外圆弹簧。

⑥ 装用无识别标记的R250 mm大圆弧半径承载鞍的转K5型转向架,原自由高为275 mm、无识别标记的减振外圆弹簧状态正常时可不更换,如需更换时,应换装269 mm自由高

减振外圆弹簧，但同一转向架的减振外圆弹簧须相同。

⑦ 识别标记为“A”或“A1”的转 K5 型 R80 mm 小圆弧半径承载鞍须配套装用自由高为 265 mm、识别标记为“K5-269”的减振外圆弹簧。

25. 承载鞍与导框的间隙是如何规定的？

答：承载鞍与导框间隙的规定见表 1－2。

表 1－2 承载鞍与侧架导框的间隙 单位：mm

名称		原型	段修	备注
承载鞍与侧架导框的间隙前后之和	转 8A 型	3～5	2～9	
	转 8AG、转 8AB、转 8G、转 8B 型	3～5	3～9	
	转 K6 型	5～7	5～11	
	转 K2 型	3～6	3～9	
	转 K4 型	1.5～6.5	1.5～8	
	转 K5 型	1.5～6.5	1.5～8	
	控制型		3～8	
承载鞍与侧架导框的间隙左右之和	转 8A 型（Ⅱ型）	9～12	9～12	
	转 8A 型（Ⅰ型）	5～8	5～12	
	转 8AG、转 8AB、转 8G、转 8B 型	9～12	9～14	
	转 K6 型	9～13	9～15	
	转 K2 型	6～12.5	6～14.5	
	转 K4 型（无标记）	6～14	6～18	
	转 K4 型（标记 A）	10～16	10～20	
	转 K4 型（标记 A1）	16～22	16～26	
	转 K5 型（无标记）	12～18	6～18	
	转 K5 型（标记 A）	12～18	12～20	
	转 K5 型（标记 A1）	18～24	18～26	
	控制型		6～14	
转 8AG、转 8AB、转 8G、转 8B 型同一轮对导框内侧横向间隙之和与外侧横向间隙之和			≥4	

26. 摇枕、侧架应重点检查哪些部位?

答:(1)摇枕、侧架正位检查时,摇枕应重点检查端部内腔、摇枕弹簧支承面、斜楔摩擦面(弯角)、下旁承盒、下旁承盒至上漏水孔区、内腔中心销座、心盘安装座上平面及螺栓孔、心盘安装座两侧下面与摇枕侧面结合处、摇枕侧面、制动梁安全链座、固定杠杆支点座、一体式心盘的底面、立面及圆脐;侧架应重点检查导框弯角处、承载鞍支撑圆脐上平面与侧架结合处、导框A部位、三角孔周边、三角孔内腔、摇枕弹簧承台周边、立柱、中央方框上横梁、制动梁滑槽磨耗板、斜楔挡、交叉杆支撑座及周边焊缝、横跨梁托。

(2)摇枕、侧架翻转检查时,摇枕应重点检查B部位两漏水孔周边、A部位漏水孔周边、内腔中心盘座内平面、弹簧座与摇枕底面过渡弯角处;侧架应重点检查下面B部位漏水孔周边、摇枕弹簧座下面、底平面。

27. 简述摇枕裂纹焊修技术要求。

答:(1)摇枕上平面、侧面横裂纹长度不大于裂纹处断面周长的20%,底面横裂纹长度不大于底面宽的20%时焊修(测量周长或宽度时,铸孔计算在内,测量裂纹长度时,铸孔不计算在内),焊修前消除裂纹,焊波须高于基准面2 mm,焊后进行热处理;大于底面宽的20%时更换。

(2)纵裂纹或内壁加强筋、心盘销座裂纹时焊修。

(3)摇枕挡或下旁承盒裂纹、缺损时焊修或更换。

(4)裂纹判断有疑问的摇枕须除锈,并对该部位进行湿法磁粉探伤。

28. 简述摇枕斜楔摩擦面磨耗板检修要求。

答:(1)摇枕斜楔摩擦面磨耗板或分离式斜楔插板焊缝开裂时焊修,裂纹时更换新品,丢失时补装;转8A、转K2型磨耗大于2 mm时更换;转8AG、转8G、转8AB、转8B、转K4、转

K5、转 K6 型磨耗大于 3 mm 时更换新品。

(2)焊装磨耗板前摇枕斜楔摩擦面(基准面)须平整,否则须堆焊后磨平,磨耗板须正位、密贴,上下端面与摇枕须满焊。

(3)控制型摇枕原设计无磨耗板者,须更换为符合图样 QZC49-40-01 的摇枕。

(4)摇枕斜楔摩擦面磨耗板焊修应在摇枕翻转机上实行平焊。

29. 整体斜楔检修有何要求?

答:(1)转 8A、转 8G、转 8AG、转 8AB、转 8B 型转向架应装用贝氏体球墨铸铁斜楔,无生产厂代号、铸造标识时报废。

(2)斜楔裂纹时报废。

(3)斜楔主摩擦面磨耗:转 8A 型大于 2 mm,转 8AG、转 8G、控制型大于 3 mm,转 K2 型大于 6.4 mm 时报废。

(4)斜楔副摩擦面磨耗:转 8A、转 K2 型大于 2 mm,转 8AG、转 8G、控制型大于 3 mm 时报废。

30. 组合式斜楔检修有何要求?

答:(1)组合式斜楔体材质为贝氏体球墨铸铁(ADI),无生产厂代号、铸造标识时报废,裂纹时更换新品。

(2)主摩擦板背面与斜楔体安装面间隙大于 3 mm 时须调整。

(3)副摩擦面磨耗:转 8B、转 8AB、转 K2、转 K5、转 K6 型大于 3 mm,转 K4 型大于 2 mm 时更换斜楔体。

(4)主摩擦板检测:

① 组合式斜楔主摩擦板材质为高分子材料,原型厚度 10 mm,转 8B、转 8AB、转 K2、转 K5、转 K6 型磨耗大于 4 mm、转 K4 型磨耗大于 3 mm 时更换主摩擦板。

② 组合式斜楔主摩擦板四角断裂区域限度为 35 mm ×

35 mm，见图 1 –1(a)；两角断裂区域限度为 60 mm ×60 mm，见图 1 –1(b)。断裂区域限度或缺损面积之和大于总面积的 15% 时更换。

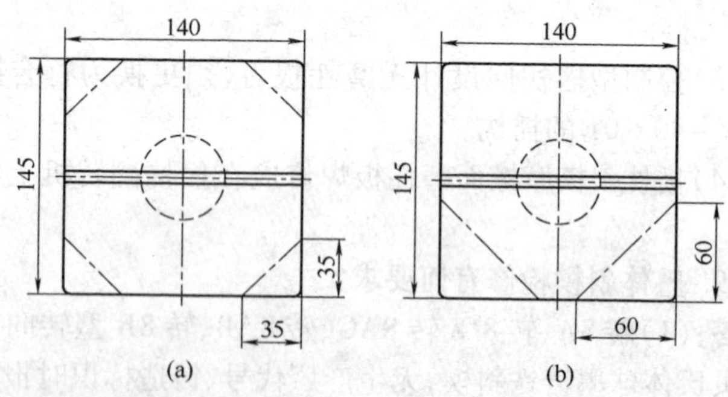

图 1 –1　斜楔主摩擦板断裂区域限度示意图　单位：mm

31. 枕簧、减振弹簧在什么情况下更换？

答：(1) 圆弹簧须逐个进行外观检查，并在自动检测设备或平台上测量。

(2) 圆弹簧不得调修，有下列情况之一时更换，控制型圆弹簧更换新品的材质应为 60Si2CrVA：

① 弹簧折断、破损、支承圈不足 5/8 圈时。

② 弹簧圆钢直径腐蚀、磨耗超过原型的 8% 时。

③ 各型圆弹簧裂纹、变形时。

④ 用微控枕簧检测机或弹簧高度检查尺测量弹簧高度，自由高不符合规定时。

32. 枕簧、减振弹簧检测、选配应符合哪些要求？

答：(1) 选配时，各型圆弹簧内、外圈须进行装配，旋向相反，同一辆车必须选配规格、型号相同的摇枕弹簧、减振弹簧。

(2) 选配时，圆弹簧除符合尺寸限度外，还须符合下列规定：

① 转 8A、转 8AG、转 8G、转 8AB、转 8B、转 K2 型

a. 同一转向架摇枕弹簧各外圈自由高度差不大于3 mm。

b. 转8A型转向架同组、同套摇枕弹簧自由高度差不大于2 mm。减振弹簧的自由高应为222 mm及以上,且减振内圆弹簧自由高不得低于减振外圆弹簧自由高,减振弹簧须高于摇枕弹簧2 mm及以上。

c. 转8AG、转8G、转8AB、转8B、转K2型同一转向架同组减振弹簧、同规格的摇枕弹簧,转8AG、转8G、转8AB、转8B型同组外圆减振弹簧与摇枕弹簧自由高差均不大于2 mm。同一组两级刚度摇枕弹簧内、外圈自由高差:转8AG、转8G、转8AB、转8B、转K2型为20~25 mm。

② 转K4型

a. 同一转向架同组减振外簧、摇枕外簧自由高度差均不大于3 mm。

b. 同一转向架同组内簧自由高度差不大于2 mm。

c. 同一组两级刚度弹簧内、外圈自由高度差:摇枕弹簧为35~40 mm,减振弹簧外圈原型高为275 mm者为42~48 mm,外圈原型高为265 mm者为31~37 mm。

d. 装用识别标记为“A”或“A1”的*R*80 mm小圆弧半径承载鞍的转K4型转向架,在厂、段修时必须换装自由高为265 mm、识别标记为K4-265的减振外圆弹簧。

e. 装用无识别标记的*R*250 mm大圆弧半径承载鞍的转K4型转向架,原无识别标记的自由高为275 mm的减振外圆弹簧状态正常时可不更换,如需要更换时,应换装265 mm自由高减振外圆弹簧,但同一转向架的减振外圆弹簧必须相同。

③ 转K5型

a. 同一转向架同型外圆弹簧自由高度差不大于3 mm。

b. 同一转向架同型内圆弹簧自由高度差不大于2 mm。

c. 同一组两级刚度弹簧内、外簧自由高度差:摇枕弹簧为 33 ~ 39 mm,减振弹簧外圈原型高为 275 mm 者为 41 ~ 47 mm,外圈原型高为 269 mm 者为 35 ~ 41 mm,原型 282 mm 的减振外圈弹簧不得继续装车使用。

d. 装用识别标记为"A"或"A1"的 *R*80 mm 小圆弧半径承载鞍的转 K5 型转向架,在厂、段修时必须换装识别标记为 K5-269 的自由高为 269 mm 的减振外圆弹簧。

e. 装用无识别标记的 *R*250 mm 大圆弧半径承载鞍的转 K5 型转向架,原自由高为 275 mm、无识别标记的减振外圆弹簧状态正常时可不更换,如需要更换时,应换装 269 mm 自由高减振外圆弹簧,但同一转向架的减振外圆弹簧必须相同。

④ 转 K6 型

a. 同一转向架同型圆柱螺旋弹簧自由高度差不大于3 mm。

b. 同一侧架上同型内簧或同型外簧自由高度差不大于2 mm。

c. 减振弹簧内外圈自由高度差不大于 2 mm,同一组两级刚度弹簧内外圈自由高度差为 20 ~ 25 mm。

⑤ 控制型

a. 同一转向架各内、外圈摇枕弹簧自由高度差分别不大于 3 mm。

b. 同组内、外圈摇枕弹簧自由高度差分别不大于 2 mm。

c. 摇枕弹簧同套内圈应比外圈高 8 ~ 12 mm。

33. 侧架立柱磨耗板检修要求有哪些?

答:丢失时补装,裂损或松动时更换;转 8A、转 8AG、转 8G、转 8AB、转 8B、控制型磨耗大于 2 mm,转 K2、转 K4、转 K5、转 K6 型磨耗大于 3 mm 时更换。

34. 侧架立柱磨耗板铆(组)装要求有哪些?

答:(1)转8A、转8AG、转8G、转8AB、转8B、控制型须采用平头铆钉液压热铆,铆接配件金属结合面在组装前均须涂防锈漆。

(2)转8A、转8AG型立柱磨耗板铆装前,先测量侧架两立柱水平距离(以侧架两立柱安装磨耗板的突出部分最下方向上10 mm处测量为准),大于509 mm时,堆焊后加工(加工后局部可有黑皮)或更换;小于505 mm时,铆装厚度为10 mm的磨耗板;大于505 mm时,铆装厚度为12 mm的磨耗板。

(3)转K2、转K4、转K5、转K6型须采用折头螺栓紧固,折头螺栓须折断,并使用扭矩扳手校核,紧固力矩须达到:转K2、转K6型为500 ~ 550 N · m,转K4、转K5型为530 ~ 580 N · m。螺栓端头不得高于侧架立柱磨耗板表面,高于时用角向磨光机打磨。

(4)转8AB、转8B型侧架须装用符合图样QCZ105A—20—01的加宽45钢立柱磨耗板。

(5)侧架立柱磨耗板材质:

① 转8A、转8AG、转8G、转8AB、转8B、转K4、转K5、转K6型为45号钢;控制型立柱磨耗板材质为整体淬火的45号钢。

② 转K2型转向架整体式斜楔或ADI、T10材质的侧架立柱磨耗板须更换时,全车须同时更换符合图样QCZ133 - 90 - 90要求的组合式斜楔和符合图样QCZ85C - 20 - 01要求的45号钢材质的侧架立柱磨耗板。

35. 如何检查侧架立柱磨耗板铆(组)装质量。

答:(1)铆装后敲打铆钉无松动,钉帽圆滑饱满。

(2)铆钉窝填充应充实,其边缘处应无大于1.5 mm的剩余量,铆钉帽平面低于磨耗板平面,凸出部分用砂轮机(角向磨光机)打磨平整。

(3)新装磨耗板与侧架的间隙:

① 转 K6 型:用 0.8 mm(顶部用 1 mm)塞尺插入磨耗板与侧架立柱的间隙,任一处插入深度不得大于 13 mm。

② 转 K5 型:用 1 mm 塞尺插入磨耗板与侧架立柱的间隙,任一处插入深度不得大于 13 mm。

③ 其他型:用 1 mm 塞尺从磨耗板与立柱之间的间隙插入,任意一处不得触及铆钉杆或螺杆。

④ 垫圈与立柱间用 0.5 mm 塞尺在圆周方向伸入不得超过 1/4 周。

⑤ 转 8AB、转 8B 型:用厚度为 0.6 mm 的塞尺探入检查,不得触及铆钉杆;用厚度为 1 mm 的塞尺检查,插入深度不得大于 13 mm。

36. 斜楔及枕簧的组装要求有哪些?

答:(1)依次装入摇枕弹簧、减振弹簧及斜楔,弹簧须装入弹簧定位凸脐。

(2)摇枕弹簧、减振弹簧自由高、高度差及规格须符合规定。

(3)转 8A、转 8AG、转 8G、转 8B、转 8AB 型斜楔弹簧支承面不得高于摇枕弹簧支承面。

(4)斜楔立面与侧架立柱磨耗板接触须良好,垂直方向不得有贯通间隙,局部间隙不大于 2 mm,横向以 2 mm × 10 mm塞尺不得深入 50 mm。

(5)同一辆车斜楔型式和材质均须一致。

① 转 8A 型转向架侧架立柱磨耗板材质为 45 号钢,转 8AG、转 8G 型侧架立柱磨耗板材质为 47Mn2Si2TiB,须配套使用贝氏体球墨铸铁斜楔。

② 转 8B、转 8AB、转 K4、转 K5、转 K6 型转向架侧架立柱磨耗板材质均为 45 号钢,须使用组合式斜楔。

③ 转K2 型转向架侧架立柱磨耗板材质为 ADI 或 47Mn2Si2TiB 时,须配套使用贝氏体球墨铸铁斜楔;侧架立柱磨耗板材质为 T10 时,须配套使用针状马氏体铸铁斜楔,侧架立柱磨耗板材质为 45 号钢时,须配套使用组合式斜楔。

④ 转K2 型斜楔主摩擦面磨耗限度高度标记为19.1 mm,超出摇枕上平面时,须将斜楔、侧架立柱磨耗板和摇枕斜楔摩擦面磨耗板或分离式斜楔插板成套更换。

37. 交叉支撑装置应检查哪些部位?

答:交叉支撑装置应检查的部位为:端头螺栓(母)、双耳防松垫圈、轴向橡胶垫、橡胶锥套(转 K1 型)、交叉杆杆体(重点是压型处和环焊处)、盖板(扣板)、连接螺母及盖板(扣板)焊缝等。

38. 交叉支撑装置组装作业过程有哪些?

答:(1)将交叉杆组成放在交叉支撑定位装置上,吊起转向架构架,轻稳落在交叉支撑定位装置上,保证侧架导框落入定位装置的承载鞍上,注意须对正位置,避免碰撞组装台其他各部。

(2)将双耳防松垫圈、标志板和锁紧板穿到端头螺栓上,并将垫圈双耳插入锁紧板孔中。

(3)将内侧的轴向橡胶垫安装在侧架支撑座上保持环的孔中,同时抬起交叉杆组成的两端,将连接孔对正,用穿入双耳垫圈、标志板、锁紧板、轴向橡胶垫的螺栓连接,保证锁紧板的定位孔呈上、下位置。

(4)用智能扳机均匀紧固交叉杆端头螺栓,紧固力矩为 675 ~ 700 N · m,并全数用扭力扳手校核。

(5)用手锤、扁铲将垫圈相对的两个止耳折弯贴靠螺栓。

(6)组装之后须在转向架正位检测台上进行正位状态检测。正位检测以侧架导框的中心为检测点,检测四个导框中心构成矩形的对角线长度之差不大于 5 mm,两侧对应的导框中心距之差不大于 10 mm。

39. 弹簧托板的检修要求有哪些？

答：(1)弹簧托板须随摇枕、侧架一起进行翻转检查，检查重点部位为腹板、翼板及止挡孔周边。

(2)转 K5 型弹簧托板无制造单位、时间标记或使用时间满 8 年时报废。

(3)转 K4 型弹簧托板横裂纹时更换，纵裂纹长度不大于 50 mm、深度不大于 2 mm 或焊缝开裂时，焊修后磨平，焊修时应采用富氩气体保护焊或相应强度等级碱性焊条，焊后应将焊缝打磨至与母材平滑过渡，焊缝凸高不得大于 1 mm，并进行热处理；大于 1 mm 时更换。

(4)转 K5 型弹簧托板裂纹时更换。

40. 摇动座、摇动座支承的检修要求有哪些？

答：(1)转 K5 型摇动座无制造单位、时间标记或使用时间满 8 年时报废。

(2)深入摇动轴边缘向内 20 mm 处，用符合图样 56B80-03-01-00 的样板检查摇动轴下部圆弧半径，弧面与样板间隙大于 2 mm 时更换。

(3)中央脊背部上平面弯曲、变形大于 3 mm 时更换。

(4)摇动座除锈后对 A、B 部位(见图 1-2)探伤，裂纹时报废；其他部位外观检查，裂纹时焊修，焊后局部热处理。

(5)深入摇动座支承开口端边缘 20 mm 处，用摇动座支承内圆半径弧面原型样板测量内圆半径弧面与原型轮廓的间隙，大于 2 mm 或裂损时更换。

41. 摇动支撑装置及弹簧托板的组装要求有哪些？

答：(1)托起弹簧托板，将转 K4、转 K5 型侧架上的两个摇动座支承开口端相对置于侧架底部安装槽内，摇动座支承须紧贴侧架，不得摇动。

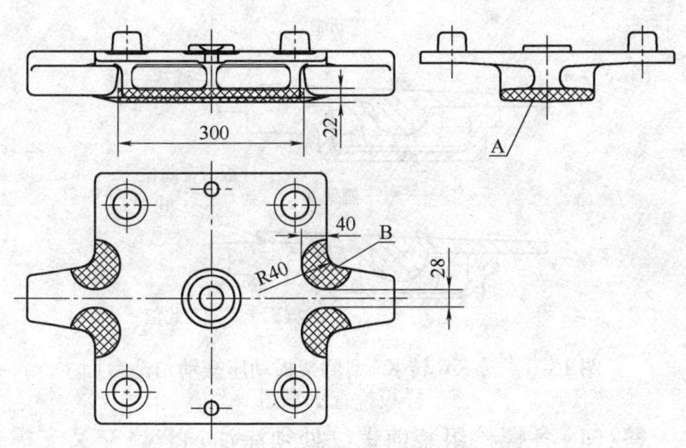

图 1－2　摇动座 A、B 部位探伤示意图(单位:mm)

(2)将摇动座置于侧架内,校准摇动座两端,使之置于摇动座支承凹陷面内,再将摇动座朝侧架一侧倾斜至不能移动为止,用符合图样 56A80－12－06－00 的样板检查侧架中部下弦杆上平面限制摇动座摆动角,通端、止端均须合格,见图 1－3。止端不符合要求者重新加修侧架;摇动座与摇动座支承间不得涂抹润滑脂。

(3)弹簧托板与摇动座正位后用 M22 的折头螺栓连接弹簧托板与摇动座,紧固折头螺栓直至贴合面拧断,紧固力矩为 710～830 N·m。

42. 基础制动装置中哪些零部件必须进行湿法磁粉探伤检查?

答:基础制动装置中下列零部件进行湿法磁粉探伤检查:槽钢制动梁滚子轴外露部位,新换装的滚子轴,L-A、L-B 型组合式制动梁闸瓦托滑块根部和 L-C 型制动梁端头,转 K3 型制动梁端头、连接焊缝及制动梁吊。

43. 转向架落成时的基本要求有哪些?

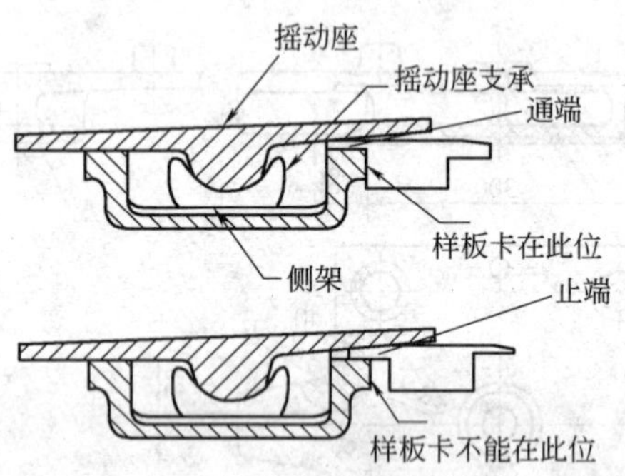

图 1－3　转 K4、转 K5 型侧架摇动座摆动角凸台面样板检查示意图

答：(1)各螺栓组装前螺纹处须涂油，心盘、交叉支撑装置的组装螺栓螺纹处涂黑铅粉油。各螺栓组装紧固后，螺杆须露出螺母 1 扣以上，但不得超过 1 个螺母厚度。

(2)金属配件结合面在组装前须涂防锈漆(散装枕簧除外)。

(3)摩擦转动部分须涂润滑脂。

(4)各零部件组装位置正确，弹簧入槽，螺栓紧固。

(5)各部横穿圆销须加垫圈。直立式杠杆的圆销由右向左组装(以面对制动梁定向)。各种圆销与销孔间隙不大于 3 mm，开口销双向劈开角度为 60°～70°。制动下(中)拉杆圆销的开口销须卷起(可在单车试验活塞行程调整完毕后进行)。

(6)同一车辆转向架型号须一致，转向架构架检修后须装回原车，不得互换，更换转向架须符合规定。同一转向架两侧架固定轴距差：转 8A 型不大于 5 mm；转 8AG、转 8G、转 8AB、转 8B、转 K2、转 K4、转 K5、转 K6 控制型不大于 2 mm(即具有相同的铲斗)。

(7)实行寿命管理的配件使用时间不过期。

44. 转向架组装时哪些部位须涂适量润滑脂?

答:各圆销表面,制动梁滑槽磨耗板表面,转 K3 型转向架副摩擦板工作面、制动梁端头与闸瓦托的滑动摩擦面等部位须涂适量润滑脂。

45. 转向架组装时哪些部位不得涂润滑脂?

答:摩擦式减振器、转 8AG、转 8G、转 8AB、转 8B、转 K2、转 K4、转 K5、转 K6 型转向架的轴承外圈与承载鞍内鞍面间,承载鞍与侧架导框间,承载鞍与轴箱橡胶垫间,轴箱橡胶垫与侧架导框顶面间,心盘与磨耗板间,上下旁承间,斜楔主摩擦板与侧架立柱磨耗板间,斜楔副磨耗面与摇枕斜楔磨耗板间,导框摇动座与侧架间,滑块磨耗套与滑槽磨耗板间,承载鞍顶面与导框摇动座间,摇动座与摇动座支承间均不涂抹润滑脂。

46. 转向架组装时对摇枕、侧架有何要求?

答:(1)摇枕的上平面与侧架的间隙不小于 10 mm。

(2)控制型侧架与摇枕斜楔槽两侧间隙之和为10 ~ 18 mm。

47. 横跨梁组成的质量要求有哪些?

答:(1)横跨梁及附件不得存在裂纹、破损;腐蚀、变形、磨耗不超限。

(2)横跨梁托座与横跨梁的间隙不大于1 mm。

(3)横跨梁组装螺栓须良好,垂直移动量为 3 ~5 mm(P_{65}等型车为 1 ~3 mm),开口销要插入螺母的槽口,双向劈开,调整垫圈数量不超过 3 个。

(4)横跨梁垫板总厚度为 0 ~ 12 mm,不得超过两块,且须安装在尼龙磨耗板的下面。

(5)未安装心盘垫板的转向架组装后,检测横跨梁触板与心盘上平面高度差,转 K2 型转向架为(154.5 ±10)mm,转 K4 型转向架为(139 ±10)mm,转 K5 型转向架为(143 ±10)mm,转

K6 型转向架为(168.5±10)mm(横跨梁在固定杠杆侧)或(145.5±10)mm(横跨梁在移动杠杆侧)。

48. 组装制动梁时有何质量要求?

答:(1)同一辆车制动梁及闸瓦型式须一致,不得混装。

(2)不得装用旧型圆钢弓型杆制动梁。原车装用防脱制动梁或高摩合成闸瓦者仍须装用防脱制动梁或高摩合成闸瓦。

(3)闸瓦组装符合规定。

(4)制动梁安全链螺栓须有弹簧垫圈或背母,紧固良好。

(5)制动梁安全链松余量:槽钢制动梁为 20~50 mm,组合式制动梁为 40~70 mm。

(6)安装防脱制动梁时,须逐个测量闸瓦托防脱翼板下平面与侧架滑槽上挡铸筋之间的间隙,不小于 13 mm。

(7)侧架上的制动梁滑槽磨耗板检查:

① 磨耗不过限、无裂损,焊缝质量良好。焊装平板式滑槽磨耗板后其上、下承台间的距离为 56~58 mm。

② 卡入式滑槽磨耗板安装时,上、下面的凸起要嵌入侧架滑槽的凹窝中。

49. 组装基础制动配件时有何要求?

答:(1)制动杠杆、拉杆不得异型,腐蚀、磨耗不超限。

(2)转 K2、转 K6 型转向架制动梁拉杆组装后与制动梁体之间须有间隙(缓解位时)。

(3)检测下拉杆与安全吊的间隙为 10~30 mm(缓解位)。交叉支撑装置与下拉杆的上部间隙:转 8AG 型不小于 12 mm(制动位)、转 8G 型不小于 18 mm(制动位);下部间隙不小于 10 mm(缓解位)。

(4)制动位时,转 8AG、转 8G、转 8AB、转 8B 转 K2、转 K6 型交叉杆(上部)与闸瓦托间隙不小于 20 mm。

(5)同一车辆两转向架的下拉杆组装后圆销销孔相差不得超过1孔(漏斗车除外);移动杠杆不得倒向车轴一侧(转K2、转K6型除外);固定杠杆支点须留有调整余量,3孔者留有1孔,其他型须留有2孔及以上。制动状态时,各闸瓦须贴靠车轮。

(6)摇枕上拉条托架及滚套须合格,托架滚轴上的开口销规格为ϕ3.2 mm×20 mm,开口销须卷起贴靠滚轴。

50. 简述转向架组装交验时的检查项目。

答:转向架组装交验时应检查的项目主要有:摇枕上平面与侧架的间隙;斜楔正位;侧架导框与承载鞍顶部及前后、左右的配合间隙;承载鞍、挡键与轴承及前盖、后挡的相互间隙;制动梁及制动零部件组装状态,安全链松余量;交叉支撑装置的组装状态;下拉杆与制动梁安全吊间隙;交叉支撑装置与下拉杆及闸瓦托各部间隙;下旁承组装状态;下心盘组装等。转向架组成后须经过下部限界检查,各部间隙符合规定。

1.4 架落车作业岗位

1. 装用不同型式的缓冲器其钩肩与冲击座间距各为多少?如何测量?

答:(1)装用MT-2、MT-3型缓冲器时,钩肩与冲击座的间距为91^{+10}_{-3} mm;装用ST型缓冲器时,钩肩与冲击座的间距为76^{+10}_{-5} mm,不符时可采用凹槽型冲击座,钩肩与冲击座间距须大于76 mm;装用2号缓冲器时,钩肩与冲击座的间距不小于60 mm。

(2)测量方法:用直尺或钢卷尺测量冲击座平直部外端面与钩肩内端面间距离。

2. 上作用车钩提杆的左、右横动量如何测量、调整?

答:上作用车钩钩提杆左右横动量均为30~50 mm,不符时应移动车体中心线外侧的钩提杆座调整。测量方法为当车钩纵向中心线与车体纵向中心线重合，且上锁销孔纵向中心与钩提杆头部纵向中心重合时，测量左、右两侧钩提杆座外侧与钩提杆内侧的水平距离，此时可向左右两侧移动钩提杆调整。

3. 上作用车钩提杆链松余量如何测量、调整？

答：上作用车钩提杆链松余量为 45～55 mm。测量方法为：在自然状态下（钩体和钩体托梁应接触），马蹄环和钩提杆链落下时，用直尺或钢卷尺测量上、下两个马蹄环圆销中心的直线距离，然后将马蹄环及链环提起，不得带动上锁销，再次测量上、下两个马蹄环圆销中心的直线距离，两者之差即为钩提杆链松余量。调整方法为更换马蹄环或链环，保证马蹄环相对于钩提杆或上锁销转动灵活；或改变钩提杆弯角处角度。调整后钩提杆孔与上锁销孔垂直线水平距离不大于 45 mm，钩提杆孔位于上锁销孔后侧。

4. 车辆落成时，对下作用车钩有何要求？

答：下作用车钩钩提杆扁平部位在钩提杆座处每侧长度不小于 60 mm；在闭锁位置时，扁平部位须能自由落入钩提杆座的扁孔内，其间隙不大于 2 mm；钩提杆弯曲部位与手制动轴托上、下部和水平距离均须大于 20 mm；钩提杆手把下端面至钢轨上平面的距离须大于 380 mm；活动端柱落下时与钩提杆距离不小于 45 mm。装用 13 号、13A、13B 型下作用式车钩的货车须加装符合图样 QCP860-05A-00 要求的车钩防跳插销。

5. 落成车对车体端部质量有何要求？

答：车辆各部分尺寸须符合《铁路技术管理规程》规定的车辆限界，但经铁道部批准允许局部超过限界的车辆除外；同一端梁上平面与轨面的垂直距离左、右相差不大于 20 mm（无端梁上盖板的车辆,可换算成在两侧梁下平面处测量)。棚车等有棚顶车辆车体倾斜不大于30 mm。

6. 车辆落成时车轴、转向架的选用有何要求?

答:(1)同一车辆不得装用异型车轴,转向架须为同一型号。

(2)转向架检修后须装回原车,不得互换;更换转向架时,须符合原设计车型规定。

(3)装用转8AG、转8G、转K2、转K4型转向架的车辆,更换转向架时须符合下列要求:

① 转8A型转向架不得替换转8AG、转8G、转K2、转K4型转向架。

② 转8G、转8AG型转向架不得替换转K2、转K4转向架。

③ 转8G型转向架可替换转8AG型转向架,但全车型式须一致。

7. 脱轨自动制动装置段修时有何技术要求?

答:(1)脱轨自动制动装置须进行外观检查。

(2)各部位紧固件松动时紧固,配件丢失时应补上。

(3)管路漏泄时应消除,连接管路及三通、接头需符合部颁相关规程的要求。

(4)拉环、顶梁组成裂纹或腐蚀严重时更换,调节杆与作用杆螺纹损坏时更换。

(5)制动阀杆端头下边缘与作用杆孔下部间隙原型为(2±0.5)mm,小于1 mm时,须分解脱轨自动制动装置,更换弹片。

8. 脱轨自动制动装置尺寸有何要求?

答:(1)按图1－4(脱轨自动制动阀安装位置图)及表1－3的要求检查拉环、顶梁与车轴的位置尺寸,不符时调整。

(2)更换轮对、承载鞍、弹簧或脱轨制动阀及心盘加垫后应在空车状态下按图1－4及表1－3的要求调整拉环、顶梁与车轴的位置尺寸并进行单车试验,最后将开口销、安装螺栓点焊固。

表1－3 ΔX、ΔY1、ΔY2 取值范围 单位:mm

轴重(t)	21		25
转向架型号	转8系列、转K2	转K4	转K5、转K6
Δ*X*	80±10	80±10	75±10
Δ*Y*1	85±2	105±2	100±2
Δ*Y*2	40^{+3}_{-5}	45^{+3}_{-5}	40^{+3}_{-5}

9. 简述脱轨自动制动装置尺寸调整步骤。

答:(1)车辆落车前,将脱轨制动阀中除拉环之外的部分用安装螺栓紧固在安装座上,同时将顶梁组成向上旋至不能旋转为止,以防落车时撞坏制动阀杆。

(2)落车后(空车状态)调整好旁承间隙及车钩中心距轨面的高度。

(3)旋转顶梁调整Δ*Y*2至规定要求,如图1－4所示,再用圆销(1)及开口销(1)将顶梁位置销定。然后将拉环安装到顶梁上,并用圆销(2)及开口销(2)将拉环与顶梁连接在一起。用专用量具检查各位置尺寸,如Δ*Y*1比规定值大,取下拉环,逆时针方向转动顶梁将顶梁往上移;如Δ*Y*1比规定值小,则顺时针方向转动顶梁将顶梁往下移。顶梁转动一圈,向上(下)移动3.5 mm。

(4)检验Δ*X*、Δ*Y*1及Δ*Y*2都符合规定值后,将开口销(1)、(2)双向劈开不小于60°,并将圆销锁的锁头插入簧座,同时将脱轨制动阀安装螺栓点焊固,点焊时要保护车轴,以避免飞溅伤到车轴。

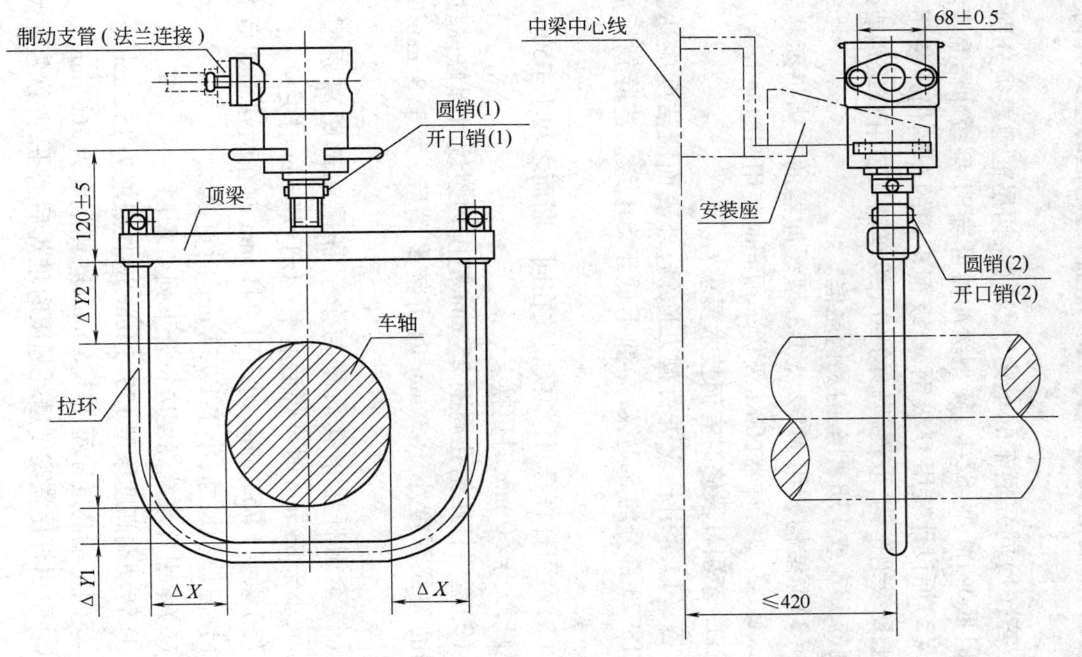

图1-4 脱轨制动阀安装位置

10. 车辆落成时对车钩、缓冲器、钩尾框的型式有何要求?

答:(1)同一辆车的车钩、缓冲器、钩尾框型式须分别一致,但Ⅲ-1-TM 型、SZ-1-TM 型缓冲器可与 ST 型缓冲器混装。

(2)原设计装用 C 级钢、E 级钢车钩的车辆仍须装用 C 级钢、E 级钢车钩,取消辅修的 60 t 级车辆须装用 C 级钢或 E 级钢的 13A 或 13B 型车钩及钩尾框。

(3)原结构装用 MT-2、MT-3 型缓冲器的车辆仍须装用 MT-2、MT-3 型缓冲器(60 t 级货车须同时装用凹型冲击座)。

11. 牵引杆段修时有何技术要求?

答:(1)牵引杆应进行抛丸除锈,外表面清洁度应达到 GB/T8923 部分的 Sa2 级,局部不低于 Sa1 级。清除锈垢后检查。

(2)牵引杆杆身、杆颈横裂纹在同一断面之和小于50 mm 时焊修,大于 50 mm 时更换。

(3)牵引杆尾销孔周围 25 mm 范围内裂纹时焊修;超过范围的裂纹深度小于 3 mm 时可铲磨清除,大于 3 mm 时更换。

(4)牵引杆尾销孔后壁与牵引杆尾端部距离原型为 89 mm,小于 83 mm 时堆焊后磨平,小于 77 mm 时更换。

(5)原型 1 753 mm。小于 1 741 mm 时在两端堆焊后磨平,并恢复原型尺寸;小于 1 734 mm 时更换。

(6)牵引杆尾端高度应符合下列要求:

① 转动端高度原型 155. 5 mm,磨耗限度为 151 mm。

② 固定端高度原型 171. 5 mm,磨耗限度为 166 mm。

③ 牵引杆尾端高度磨耗超限时堆焊后磨平,并恢复原型尺寸。

(7)牵引杆材质为 E 级钢,焊修后应按规定进行热处理。

12. 牵引杆分解有何要求?

答:(1)分解牵引杆尾销托梁及尾销托、尾销。

(2)用专用机具托住牵引杆,严禁将牵引杆自由落地。

13. 牵引杆组装有何要求?

答:(1)组装时应先组装转动端,并进行转动试验,试验方法同16型转动车钩。

(2)牵引杆固定端的组装应在整车落车后进行。

(3)钩尾销托梁螺栓组装应使用FS型或BY-B型防松螺母,BY-B型螺母应安装重型弹簧垫圈及开口销,FS型螺母应采用双螺母;应配套使用强度满足GB 3098.1规定的10.9级、精度等级符合GB 9145中6 g要求的螺栓,螺栓头部应有10.9级标记。

(4)牵引杆组装落车后,测量中梁(牵引梁外露部分)上平面至轨面的距离,应在(1 055 ±10)mm范围内。

14. 落成车辆须在平直线路上检查哪些内容?

答:(1)同一端梁上平面与轨面的垂直距离差。

(2)棚车、保温车、家畜车、守车等有棚顶车辆车体倾斜程度。

(3)车钩中心线至轨面的垂直距离,同一车辆两车钩中心线高度差。

(4)旁承间隙、压缩量、安装方向。

(5)转向架的簧下配件与底架相对部位的垂直距离,未装用原设计转向架者,校核转向架侧架上平面至枕梁下盖板的垂直距离。

(6)人力制动机拉杆及托与摇枕间、固定支点与牵引梁间须有间隙。

(7)脚蹬下平面至轨面的垂直距离。

(8)人力自然攀登车辆1、4位脚蹬时(不得对车体有人为的冲击和摇动)，车体不得动摇。

15. 车辆落成时对螺栓、螺母及组装有何技术要求?

答:(1)上、下心盘之间的螺栓与铆钉垂直相对距离不小于5 mm。

(2)车钩托梁须采用M22螺栓，且须安装背母和ϕ4 mm开口销。

(3)钩尾框托板螺母须采用FS型、BY-B型或BY-A型防松螺母，70 t级货车托梁组成、安全托板、钩尾框托板组装螺栓螺母须采用BY-B型防松螺母，并配套使用强度符合GB3098.1—2000规定的10.9级，精度等级符合GB9145—2003标准6 g要求的螺栓，螺栓头部须有10.9级标记。装用BY-B型防松螺母时，须安装弹簧垫圈、开口销。

(4)2007年3月1日以前出厂的C_{70}型敞车，冲击座止挡铁螺栓和螺母紧固后须将靠近螺母的螺栓螺纹铲堆(3扣及以上)，每扣螺纹铲堆长度不小于10 mm，且深度不小于螺纹深度的2/3。

(5)钩提杆座采用M16螺栓组装，并安装背母。

(6)制动阀、安全阀防盗罩安装螺栓与螺母，脚踏式制动机安装螺栓与螺母等均须点焊固。

(7)各螺栓组装紧固后，螺杆须露出螺母1扣以上，但不得超过1个螺母厚度(U形管吊卡和储风缸吊卡除外)。

16. 车辆落成时对心盘的质量有何要求?

答:(1)落成前须清除下心盘内的异物，落成时上心盘须落槽，中心销须落入下心盘座孔内。

(2)上、下心盘之间的螺栓与铆钉垂直相对距离不小于5 mm，上心盘底座与下心盘立棱间距不小于3 mm。

17. 简述调整车钩高度的方法及其规定。

答:调整车钩高度时，允许采用以下方法:

(1)翻转活动式车钩托梁。

(2)在冲击座与车钩托梁接触面两侧各安装1块60 mm ×60 mm,厚度不大于10 mm,中间有ϕ24 mm的钢垫板;或在钩尾框托板与牵引梁下翼板间两侧各安装1块厚度不大于10 mm的垫板。

(3)调换车钩托梁磨耗板(厚度为3~8 mm)或在钩尾框托板上焊装1块厚度不大于8 mm的钢板,并须四周满焊。

(4)在下心盘与摇枕间调整下心盘垫板。

(5)装用螺栓紧固上心盘的车辆,可在上心盘处安装垫板,垫板总厚度不大于50 mm,钢质、竹质垫板混用时,钢垫板须放于竹质垫板上部。满足旁承间隙的情况下,可在上旁承处安装适当厚度的钢垫板,且不超过3块,钢垫板超过1层时须在钢板层间四周点焊固。

(6)装用控制型转向架的C_{63A}(C_{63})型车,可在下心盘与摇枕心盘座间安装圆形钢垫板,垫板不超过2块,总厚度不大于40 mm。

18. 货车检修中发现标签丢失或损坏时应如何处理?

答:明确车种、车型、车号及车体标记定检信息,并加盖单位及驻段车辆验收室公章,电传报部,经铁道部批准授权后补装标签。

2 制动钳工

2.1 综合部分

1. 何谓车辆制动机?

答:在铁路运输上,为了调节列车运行速度和及时准确地在预定地点停车,保证列车安全正点地运行,在机车和车辆上设置一套用以产生制动力的装置,设在机车上的叫做机车制动装置,设在车辆上的叫做车辆制动装置,或称车辆制动机。

2. 何谓空气制动机?

答:空气制动机是指利用压缩空气作为控制制动的介质,并作为产生制动力的原动力的制动机。空气制动机是目前各国广泛采用的制动机。我国的机车车辆全部装用空气制动机。

空气制动机可分为直通空气制动机和自动空气制动机。而自动空气制动机按其制动阀(三通阀、分配阀或控制阀)的作用原理可分为:二压力机构、三压力机构和二、三压力混合机构3种。

3. 目前货车空气制动机有哪几种型式?

答:目前货车空气制动机主要有以下3种:GK型、103型和120型(120-1型)。

4. GK型空气制动机由哪些部件组成?

答:GK型空气制动机主要由GK型三通阀、制动缸、降压风缸、副风缸、空重车转换塞门、截断塞门、远心集尘器、安全阀、缓解阀等9个零部件组成。

5. 120型空气制动机由哪些部件组成?

答:120 型空气制动机主要由 120 型控制阀、制动缸、降压风缸、副风缸、加速缓解风缸、空重车调整装置、截断塞门、集尘器、安全阀等 9 个零部件组成。

6. 120型空气制动机有何特点?

答:120 型空气制动机有下列 9 项特点:

(1)主阀作用部(主控机构)采用成熟的橡胶膜板加金属滑阀的结构;具有良好的作用连续性、较长的寿命、自动防止异物侵入等优点。

(2)具有比较完善的两阶段局减作用和紧急制动时制动缸压强先跃升后缓升的二段变速充气作用。

(3)采用了直接作用方式,缩短了初充气时间。

(4)紧急阀采用了带先导阀的二级控制机构,大大提高了货物列车的紧急制动波速(约为 250 m/s)。

(5)加装了由制动缸排气压强控制的加速缓解阀和 11 L 的加速缓解风缸,可提高列车的缓解波速(170 ~ 190 m/s),使低速缓解的纵向冲动减轻。

(6)加装了半自动缓解阀,其作用不是排副风缸的风,而是直接排制动缸的风,并具有自锁功能,可方便调车作业,节省人力,减少耗风量。

(7)在滑阀上增设了 1 个在制动保压位沟通列车管和副风缸的 $\phi 0.2$ mm 的小孔,称为"眼泪孔"或"呼吸孔",平衡主活塞两侧压力以适应压力保持操纵。

(8)具有防误装的销钉和防盗窃的紧固机构。

(9)采用了 8 种铝合金压铸件,外形美观,大大降低了 120 阀的重量。

7. 何谓制动波速? 120 型空气制动机采用何种方法来提高制动波速?

答:制动波速是指列车制动时,其制动作用由列车前部传播到列车尾部的传播速度，单位为 m/s。120 型制动机在列车管减压时，除了机车制动阀排风外，各车的控制阀等也可以帮助列车管排风，即所谓的局部减压作用，是衡量列车制动灵敏度的重要指标。有了这种局部减压作用，列车管的减压速度就可大大提高，从而也大大提高了制动波速。GK 阀局部减压的空气量都进入制动缸，而且常用制动时局部减压只能发生一次，而 120 阀的局部减压，则主要是将列车管的压力空气直接排向大气，这就极大地改善了局部减压性能，加快了制动波速。

8. 何谓缓解波速？提高缓解波速有何目的？

答：(1)列车在运行中施行制动后，司机操纵机车空气制动装置对列车管充气时，车辆制动机的缓解作用如同波一样，沿列车长度方向由前向后逐次发生，这种“缓解波的传播速度”称为缓解波速，单位是 m/s。

(2)提高缓解波速，可使处于制动状态的列车的前、后部产生缓解作用的时间差缩短，从而减小列车的纵向动力作用。这对重载货物列车以及列车低速运行情况下缓解时尤为重要，因为低速缓解容易发生断钩事故，缓解波速较高，则在一定程度上可以防止在车钩间产生相当大的拉伸冲击力，从而避免拉断车钩。

9. 120型空气制动机如何提高缓解波速？

答：120 型空气制动机可按下列两种方式提高缓解波速：

(1)采用直接作用方式即当制动管增压时，制动缸压力空气可直接通过主阀作用部排入大气。

(2)采用局部增压：当制动管增压，制动缸排气缓解时，利用即将排入大气的制动缸压力空气作为控制压力源，推动加速缓解阀中的橡胶膜板，通过顶杆顶开该阀中的橡胶夹芯阀，使加速缓解风缸中的压力空气通过开启的夹心阀阀口充入制动管，制动管得到局部增压，增压速度加快，促使后部的车辆加速缓解，从而提高全列车的缓解波速。

10. 何谓基础制动装置？

答：基础制动装置是制动装置中用于传递、扩大制动力的一整套杆件连接装置。它的作用是把制动缸活塞上的推力增大若干倍以后平均地传给各个闸瓦，使之压紧车轮而产生制动作用。

11. 空重车自动调整装置有何作用？

答：空重车自动调整装置可减少混编列车在制动时车辆之间的纵向冲击力；避免人为错调、漏调空重车手柄而造成重车制动力不足或空车制动力过大，因而可减少擦轮事故的发生；有效保证行车安全，提高运输效率，降低运输成本，具有显著的社会效益和经济效益。

12. 简述目前我国铁路货车空重车自动调整装置的主要种类。

答：目前我国铁路货车空重车自动调整装置主要有 5 种：KZW－4 型、KZW－4G 系列（含 KZW－4G、KZW－4GAB、KZW－4GCD 型）、KZW－6 型、KZW－A 型、TWG－1 系列（含 TWG－1AB、TWG－1CD 型）。

13. KZW－4G系列空重车自动调整装置由几部分组成？

答：KZW－4G 系列货车空重车自动调整装置系统由基准板（横跨梁）、测重机构（传感阀、支架、抑制盘、复位弹簧）、调整阀组成（调整阀、压力开关、管座）、17 L 降压风缸、6 L 容积风缸和连接法兰管路等 6 部分组成。

14. KZW－4GA(C)适用于哪些车辆？

答：KZW－4GA 型空重车自动调整装置适用于使用转 K2、转 K6 等型转向架车辆，自动调整行程范围为 21 mm；KZW－4GC 型空重车自动调整装置适用于使用转 K4、转 K5

型转向架车辆，自动调整行程范围为 28 mm。

15. KZW－4GAB、KZW－4GCD 型空重车自动调整装置有何主要配置？

答：KZW－4GAB 型空重车自动调整装置调整行程为 0～21 mm，若调整至 A 型，可适用于 59 L 副风缸、356 mm×254 mm制动缸、高磷闸瓦（也可用于 40 L 副风缸、254 mm×254 mm制动缸及高摩合成闸瓦）的提速制动配置；若调整至 B 型，即可适用于 59 L 副风缸、356 mm×254 mm 制动缸、高摩合成闸瓦的通用制动配置。而 KZW－4GCD 型空重车自动调整装置调整行程为 0～28 mm，若调整至 C 型，可适用于 59 L副风缸、356 mm×254 mm 制动缸、高磷闸瓦（也可用于 40 L副风缸、254 mm×254 mm 制动缸及高摩合成闸瓦）的提速制动配置；若调整至 D 型，即可适用于 59 L 副风缸、356 mm×254 mm 制动缸、高摩合成闸瓦的通用制动配置。

16. KZW－4G系列与 TWG－1 系列空重车自动调整装置有何主要区别？

答：二者作用原理基本相同，主要区别有下列两项：

（1）KZW－4G 系列的调整阀与风缸分开，TWG－1 系列调整阀与风缸一体化。

（2）安装方式不同，KZW－4G 系列传感器触头向上，TWG－1 系列传感器触头向下。

17. KZW－A型空重车自动调整装置各零部件构成及其作用是什么？

答：KZW－A 型空重车自动调整装置主要由基准板、测重机构（C－A 型传感阀、支架、抑制盘、复位弹簧、触头）、限压阀组成（X－A 型限压阀、阀管座）及相应连接管路等组成。

（1）基准板（横跨梁）若采用横跨梁形式时，横跨梁用型钢压制而成，安装在转向架侧架内侧制动梁上方靠近摇枕并与其平行的位置,横跨梁两端支承在转向架侧架上的横跨梁托上,其间设有耐磨垫。耐磨垫与横跨梁托是长形孔而横跨梁端头上为圆形孔,用螺栓定位。定位螺栓的槽形螺母并不紧固,留有 3~5 mm 间隙,用开口销锁定,因此横跨梁支撑在侧架上可左右移动。横跨梁上设有安全吊链,横跨梁的中间起支承抑制盘的作用。

(2)C-A 型传感阀由阀体、阀盖、活塞、触杆、夹芯阀、压力弹簧、复原弹簧、夹芯阀弹簧、弹簧挡圈及密封胶圈等组成。传感阀安装在支架上,触杆向上,正对抑制盘的下盘面。车辆制动时,用来测量车辆的载重并通过进入降压风缸的压力空气去驱动 X-A 限压阀,从而控制进入制动缸的空气压力。

(3)支架用精密铸钢件加工而成,安装在基准板(横跨梁)上方车体中梁内,用 4 只螺栓紧固。支架用以安放抑制盘、安装传感阀并与连接管路法兰连接。

(4)抑制盘上部为圆盘、中部为圆柱、下部为螺杆、弹簧座和带螺纹的六方触头。

抑制盘安放在支架的圆柱形导管上,并在其导管内可上下移动。复位弹簧套在圆柱上,将弹簧座套入螺杆上,再在螺杆上转动触头并调整其长度,采用开口销固定。车辆为空车时,抑制圆盘坐落在支架的导管顶端,作为空车时传感阀称重的基准。当车辆载重,抑制盘触头与基准板(横跨梁)接触后,圆盘则与基准板(横跨梁)维持不变的相对高度,又作为载重时传感阀称重的基准。

(5)X-A 型限压阀由阀体、阀盖、中间体、推杆组成、橡胶膜板、活塞、夹芯阀、夹芯阀弹簧、压力弹簧、显示牌、活塞杆、显示弹簧、后盖及密封胶圈等组成。安装在阀管座上,制动时,它受来自 120 型空气制动机制动孔的压力空气和来自 C-A 型传感阀、降压风缸的压力空气及进入制动缸的压力空气共同作用,控制制动缸的空气压力,最终由降压风缸的空气压力和制动缸的空气压力叠加,共同与制动机制动孔的空气压力相平衡。因而在规定调整范围内,当制动孔压力一定时,使制动缸的空气压力随车辆载重增加而增加。阀盖上的翻转显示牌用以显示制动缸的压力是处于空车位、半重车位或重车位。

(6)阀管座吊装在车体中部边上侧梁上,用来安装 X-A 型限压阀,并与管路法兰连接。

(7)连接管路用来对各部件之间进行连接,所有管路两端均采用法兰连接和橡胶圈密封。

18. KZW-A型空重车自动调整装置的作用原理是什么?

答:KZW-A 型空重车自动调整装置的作用原理见图2-1。

车辆空车时,调整抑制盘下端的触头,使抑制盘坐落在支架的圆柱形导管的顶端而触头与基准板(横跨梁)间保持 h_0 间隙,并用开口销锁定。

基准板(横跨梁)支承在转向架侧架上与轨面的高度不变、与载重大小无关。车辆载重后,枕簧受压变形,支架和装在上面的 C-A 型传感阀将随车体下移,当抑制盘触头与基准板(横跨梁)接触之后,抑制盘的高度位置不再改变,C-A 型传感阀触杆与抑制盘的距离将随载重的增加而增加。

在与 120 型制动机配套使用时,当 120 型制动机处于完全缓解状态时,空重车自动调整装置和制动缸处于无压力空气状态。这时 X-A 型限压阀的活塞、作用杆和橡胶膜板在压力弹簧的作用下处于最上方位置,活塞内的夹芯阀离开阀口,夹芯阀处于开启状态。制动缸及与之连通的空间经开启的 X-A 型限压阀和 120 型制动机的缓解排气通道与大气相通。X-A型限压阀阀盖上的空重位压力显示器的活塞杆在

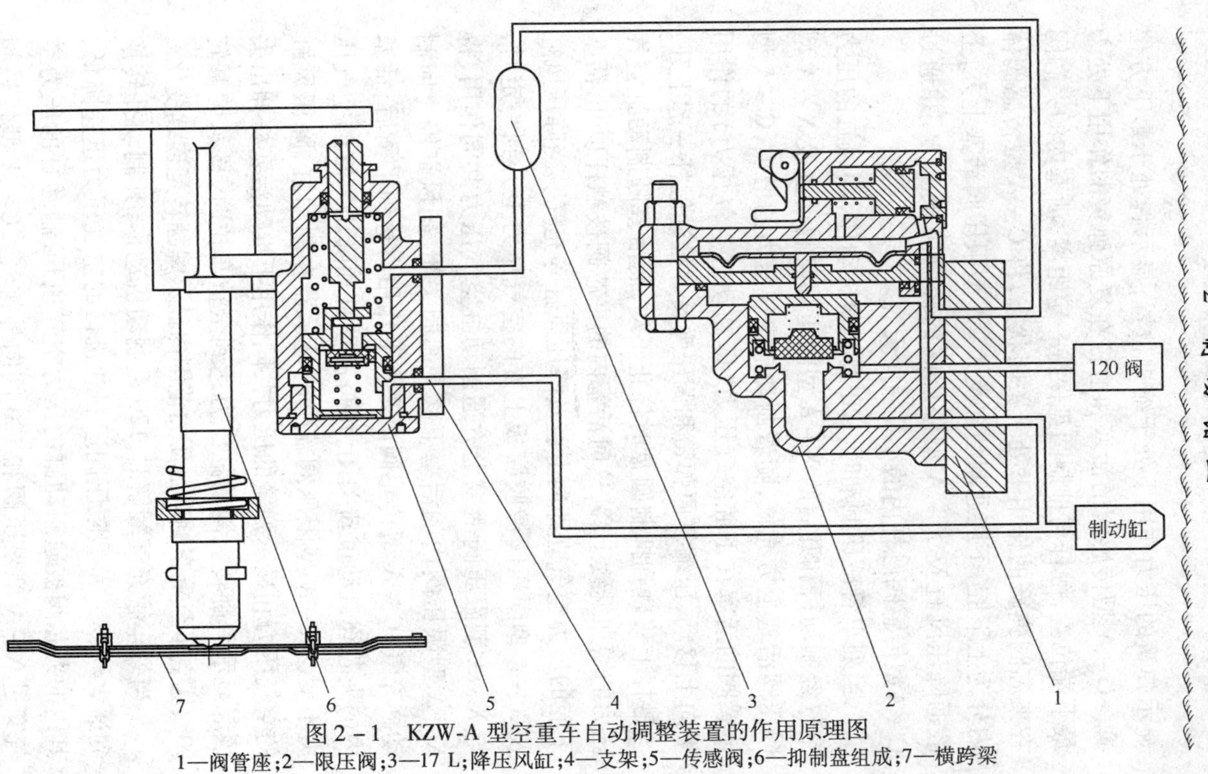

图 2－1 KZW-A 型空重车自动调整装置的作用原理图

1—阀管座;2—限压阀;3—17 L;降压风缸;4—支架;5—传感阀;6—抑制盘组成;7—横跨梁

显示弹簧的压力作用下处于缩进位置，显示牌处于最下方位置。C－A 型传感阀的活塞和触杆在复原弹簧的作用下处于最下端位置，触杆与抑制圆盘保持一定距离，活塞内的夹芯阀在夹芯阀弹簧的作用下处于关闭状态，将 C－A 型传感阀体内分为上下腔，下腔通制动缸及 X－A 型限压阀活塞上方，上腔通降压风缸及 X－A 型限压阀的橡胶膜板上方，并通过 C－A型传感阀触杆内的小孔通向大气。

当列车管减压制动时，120 型制动机动作，副风缸的压力空气经制动机和开启的 X－A 型限压阀向制动缸及 X－A 型限压阀活塞上方充气，随着制动缸空气压力的增加，C－A 型传感阀的活塞在下腔空气压力（即制动缸空气压力）的作用下向上移动，压缩复原弹簧和调压弹簧并推动触杆一起上升，当触杆上移碰到抑制圆盘时停止不动，而活塞随制动缸空气压力的增加继续上移，这时活塞内的夹芯阀被触杆顶开，活塞下腔的压力空气立即向上腔及降压风缸等充气。当降压风缸及 X－A 型限压阀橡胶膜板上方的空气压力上升到一定时，与 X－A 型限压阀活塞上方通制动缸空气压力共同作用，将 X－A 型限压阀内的活塞下移夹芯阀关闭，副风缸停止向制动缸充气，C－A 型传感阀活塞上下作用力达到平衡后，活塞内的夹芯阀自动重新关闭，维持制动缸和降压风缸的空气压力不变。X－A 型限压阀盖上的显示器在制动缸、降压风缸的空气压力和显示弹簧的压力共同作用下推动活塞杆伸出去顶起显示牌翻转。制动缸压力达到全重车位时，显示牌翻转 90°，从空车至重车制动缸压力范围内显示牌翻转是连续变化。

当列车管充气缓解时，120 型制动机动作，其制动孔转换到通大气，X－A 型限压阀通制动机口的空气压力迅速降低，其内的夹芯阀被通制动缸的压力空气顶开，制动缸的压力空气穿过 X－A 型限压阀和 120 阀向外排气。C－A 型传感阀活塞下腔的空气压力随制动缸的空气压力下降而降低,其活塞和触杆在复原弹簧和调压弹簧作用下相应下移,当活塞下腔空气压力低于上腔空气压力时靠上腔空气压力顶开夹芯阀,降压风缸的压力空气将通过夹芯阀与制动缸的压力空气一起经 X－A 型限压阀和 120 阀排向大气。与此同时,在 C－A 型传感阀触杆回到最下端位置时,降压风缸的压力空气还通过 C－A 型传感阀触杆内的小孔直接排向大气直至排尽为止。在排气过程中,当 X－A 型限压阀膜板上方及活塞上方的压力空气降到一定时,其压力弹簧又逐渐将活塞、作用杆和橡胶膜板推到最上方位置,夹芯阀完全打开处于常开位置。而 C－A 型传感阀活塞内的夹芯阀在上腔压力接近下腔的空气压力时靠夹芯阀弹簧又将夹芯阀关闭,最后恢复到完全缓解的无气状态。缓解过程中,X－A 型限压阀盖上的显示牌也随制动缸压力下降而自动落下。

19. 缓解阀的构造和作用是什么?

答:缓解阀主要由以下 7 种零部件组成:阀上体、阀下体、阀、阀垫、弹簧、缓解杆、销等。

缓解阀安装在车辆副风缸或工作风缸上。当拉动或推动缓解杆的端部时,缓解杆以销为支点而转动,阀被压下,使阀离开阀座,缓解阀开启,副风缸或工作风缸内的压力空气即经由阀与阀座的间隙和排气孔排至大气,使已处于制动状态的制动阀缓解。当松开杠杆时,阀借弹簧的弹力恢复关闭位置,停止排气。在列车编组、解体及车辆检修时,均使用它来缓解已制动的车辆。

20. 简述目前我国铁路货车空气制动阀的主要种类。

答:目前我国铁路货车空气制动阀主要有 4 种:GK 型三通阀、103 型分配阀、120 型控制阀、120－1 型控制阀。

21. 三通阀由哪些零部件组成?

答:GK 型三通阀由作用部、紧急部、递动部、减速部 4 部分组成。

作用部由阀体、主活塞、滑阀、节制阀等组成;递动部由递动杆、弹簧、风桶盖等组成;紧急部由阀下体、止回阀、紧急活塞、紧急阀、弹簧等组成;减速部由减速杆、弹簧等组成。

22. 三通阀有哪几个作用位置?

答:GK 型三通阀有全充气缓解、减速充气缓解、常用全制动、常用急制动、常用全制动保压、常用急制动保压和紧急制动等 7 个作用位置。

23. 120阀由哪几部分组成?

答:120 型空气控制阀由中间体、主阀、半自动缓解阀和紧急阀等 4 部分组成。

(1)中间体与 103 阀中间体相似。

(2)主阀主要由作用部、减速部、局减阀、加速缓解阀和紧急二段阀等 5 部分组成。

(3)紧急阀与 103 型分配阀的紧急阀相似,但增加了先导阀的结构。

24. 120阀有哪些作用位置?

答:120 型控制阀有充气及缓解位、减速充气及缓解位、常用制动位、保压位和紧急制动位等 5 个作用位置。

25. 120阀充气及缓解位作用原理是什么?

答:120 阀充气及缓解位作用原理如下:

(1)初充气时,制动管压力→主阀滑阀座→副风缸。

制动管压力→主阀→加速缓解风缸。

制动管压力→紧急阀→紧急室。

(2)再充气时,制动管向副风缸、加速缓解风缸及紧急室充气均与初充气时相同。

(3)其缓解作用如下

制动缸压力→主阀体二段阀周围→滑阀座→排气口→大气。

加速缓解风缸压力→主阀加速缓解阀止回阀→紧急二段阀上隔腔→制动管。

26. 120阀减速充气及缓解位作用原理是什么?

答:120 型控制阀减速充气及缓解位作用原理如下:

(1)制动管压力→主阀滑阀限制孔→副风缸。

(2)制动缸压力排出大气、加速缓解风缸到制动管压力空气通路与前项再充气的作用原理相同。

27. 120阀常用制动位作用原理是什么?

答:120 型控制阀常用制动位作用原理是:

(1)第一阶段时因制动管减压,主活塞带动节制阀上移,节制阀切断制动管与副风缸通路,制动管压力经滑阀座、节制阀、局减室至大气孔,实行局部减压。

(2)第二阶段时,因主活塞继续上移,制动管压力经滑阀座孔、局减阀至制动缸实现第二次局减作用,当制动缸压力升至 50 ~ 70 kPa 时局减阀关闭。

(3)副风缸内压力空气经滑阀座及紧急二段阀周围进入制动缸。

(4)紧急阀的紧急活塞两侧压差小,故紧急室压力向制动管逆流,保持常用制动的安定。

28. 120阀制动保压位作用原理是什么?

答:120 型控制阀制动保压位作用原理:在制动过程中如停止制动管减压,主活塞外侧风压停止下降,但主活塞内侧副风缸风压向制动缸充风,当风压下降至稍低于主活塞外侧风压时,主活塞两侧产生压力差带动节制阀移动(滑阀不动)遮断滑阀上的制动孔,形成保压作用。

29. 120阀紧急制动位作用原理是什么?

答:120 型控制阀紧急制动位作用原理如下:

(1)紧急活塞两侧形成很大反差,紧急活塞下移顶开先导阀,继而打开紧急放风阀使制动管压力迅速排出大气。

(2)紧急制动时,副风缸压力空气经滑阀座及滑阀孔进入紧急二段阀及制动缸。当制动缸压力达 120 ~ 150 kPa 时,紧急二段阀压缩弹簧副风缸压力经限制孔进入制动缸,使其压力上升“先快后慢”,成为两个阶段。

30. 120型紧急阀增设先导阀有何结构及作用?

答:120 型紧急阀先导阀的结构:先导阀位于放风导向杆内,由顶杆、先导夹芯阀、先导阀弹簧、先导阀弹簧座组成。作用如下:当施行紧急制动,制动管急速减压时,可以很容易打开先导阀,消除放风阀的背压,紧接着顶开放风阀,排出压力空气。这样,紧急放风作用虽设计成两步,却可以提早开启放风阀,从而使紧急制动波速大大提高。

31. 120阀紧急二段阀有何作用?

答:120 阀紧急二段阀作用如下:在紧急制动时,制动管压力空气迅速大量地排向大气,使得紧急二段阀杆上方压力迅速降低,而副风缸压力空气又迅速地通过紧急二段阀进入制动缸。当制动缸压力(即紧急二段阀杆下方)上升到 120 ~ 160 kPa 时,在阀杆上下两侧就可以形成足以克服紧急二段阀弹簧弹力的压差。阀杆上移,阀杆下部凸台部分关闭了阀杆与套间的较大通路,副风缸压力空气此时只能通过阀杆中心孔,通过阀杆径向小孔进入制动缸。在使用 φ254 mm 制动缸时受缩孔Ⅷ的限制,因而制动缸压力上升较为缓慢,形成了在紧急制动时制动缸压力先快后慢的两个阶段上升,从而减轻了紧急制动时列车的纵向冲击。

32. 120 -1型与 120 型控制阀在外观上有哪些区别?

答:(1)主阀部上盖、前盖为了防止变形增强刚度,增加了一些加强筋。

(2)主阀上增加“TK”的工厂徽记和“120－1”铸字以资识别,特别是上盖活塞运动内孔深度已由22 mm改为24 mm。

(3)在紧急阀上盖外侧同样也增加一些加强筋以增加刚度,同时增加“TK”的工厂徽记和“120－1”铸字。

33. 120－1型与120型控制阀在内部构造上有哪些区别?

答:120－1阀与120阀基本相同,仍由中间体、主阀、半自动缓解阀和紧急阀等4部分组成。

(1)中间体两者相同。

(2)主阀:因为120－1型阀增加了常用加速制动作用,而该作用是由滑阀、节制阀各孔在不同作用位时开、闭实现的,所以滑阀上的各孔位置及尺寸调整较多,并增加了f7和ju3两个小孔。

根据需要,活塞和滑阀工作行程也相应增加了2 mm。

在局减阀部分,为了减少泄漏,将局减下活塞和局减杆合为一体,并取消了M8弹性垫圈,改用防松螺母,局减盖按2000年改图要求增加4 mm×4 mm的倒角。

(3)半自动缓解阀两者相同。

(4)紧急阀:为了防止试验台试验中紧急膜板吸在盖上影响试验结果的准确性,在紧急阀内侧增加小孔一个。

34. 120－1型控制阀的作用原理是什么?

答:120－1型控制阀作用原理与120阀相同,分为充气及缓解位、减速充气及缓解位、常用制动位、保压位和紧急制动位等5个作用位置。

35. GK型空气制动机的安全阀安装在什么位置?其定压如何规定?

答:GK型空气制动机的安全阀装在空重车转换塞门和

降压气室之间的连接管上，规定在制动缸压力达到 190 kPa 时开始排气，压力降至 160 kPa 前停止排气。

36. 锥芯折角塞门有何构造及用途？

答：锥芯折角塞门主要由以下 6 种零部件组成：手把、手把套口、塞门体、塞门芯、弹簧托盘和弹簧等。塞门体一端平直，一端弯曲，平直的一端与制动主管连接，弯曲的一端与制动软管相连。由于塞门体一端弯曲，故手把也制成与塞门体相适应的弯曲状。塞门芯制成锥体，顶部成方形，与手把套口用圆销结合在一起，以防手把脱落。为使塞门芯与塞门体严密吻合，在底部安有弹簧及弹簧托盘。

锥芯折角塞门用途是开通或截断制动主管与制动软管之间的空气通路，以便于摘接或更换处理编织制动软管总成。

37. 球芯折角塞门（TB/T 2698）由哪些零部件组成？有何作用？

答：球芯折角塞门（TB/T 2698）主要由塞门体、密封座、球芯、拨芯轴、垫圈、密封圈、密封垫、盖、套口、手把、锁紧螺帽、压紧圈和压圈等 14 种零部件组成。安装于车辆制动主管两端，其主要作用是连接制动主管和编织制动软管总成，使车辆制动主管与列车管连接或关断。

38. 球芯折角塞门与锥芯折角塞门相比有何优点？

答：球芯折角塞门与锥芯折角塞门相比有以下 4 项优点：

（1）球芯折角塞门的通风孔为圆形，其截面积为锥芯塞门的 1.2 倍，且圆形通风孔的空气流通阻力较小。

（2）塞门芯两侧各有一个密封性能良好的密封垫。

（3）检修较简便，不需研磨，只要更换密封垫或球芯即可。

（4）开闭塞门时阻力较小，便于列检及调车作业。

39. 球芯截断塞门有何构造及用途？

答:球芯截断塞门由塞门体、塞门芯、弹簧托盖、弹簧及手把等5部分组成。其作用是切断制动主管与空气制动机的通路。若需停止空气制动机作用,可关闭该车的截断塞门,同时,拉开缓解阀或打开排水塞门即可排出副风缸内的压力空气。

40. 编织制动软管总成构造是什么?

答:编织制动软管总成主要由以下5种零部件组成:波纹接头、套箍、橡胶软管、波纹连接器体及垫圈。其橡胶软管由内胶、中间胶、三层尼龙编织线和外胶制成。胶管的一端装入波纹连接器,另一端装入接头,并用帽卡将胶管卡固在波纹接头和波纹连接器上,为了使两制动软管的波纹连接器互相连接后保持严密不漏风,在波纹连接器内部嵌有橡胶制的垫圈。

2.2 内制动钳工岗位

1. 简述制动阀段修主要工序。

答:制动阀段修主要工序如下:

外部除锈清洗→分解→配件清洗→弹簧检测→主活塞检修→滑阀研磨→节制阀研磨→清洗组装→性能试验→涂打标记→储存。

2. 简述制动阀、空重车阀和其他阀类配件分解后的清洗要求。

答:(1)货车空气制动阀、空重车阀和其他阀类配件分解后,除规定更换的零件外,其他零件均须采用超声波或压力清洗方式清洗,清洗介质可加温,但最高温度不高于60 ℃。滑阀、节制阀等精密研磨件应单独清洗。不得用汽油、煤油、香蕉水等腐蚀性介质清洗。

(2)清洗后须用清水冲洗,阀体型腔须采用压缩空气吹净,型腔内不得有水或污物。各零件须烘干或吹干,烘干温度不高于 60 ℃。

(3)滤尘器、滤尘网、滤尘套、滤尘缩孔堵等滤尘元件须清洗,并用压缩空气吹净。

(4)清洁度:

① 零件表面不得有目视可见的污垢、灰砂、水分、纤维物和其他污物。

② 用棉白细布(不得用棉丝、毛巾、白纱布)擦拭阀内零件及阀体摩擦面、滑动工作面,不得有浮灰、浮砂、浮锈及污迹。

③ 阀体内部及零件工作面手感不得有颗粒存在。

3. 简述三通阀分解作业过程。

答:三通阀分解作业按如下 4 项进行:

(1)减速部分解:卸下减速部的弹簧盖,取出减速部的弹簧及套。

(2)递动部分解:卸下递动杆螺母,取出递动杆及弹簧。

(3)作用部分解:卸下风筒盖螺栓,取出主活塞,打出滑阀弹簧销,取下滑阀及节制阀。

(4)紧急部分解:卸下紧急部下体螺栓,取出下体及胶垫,取出止回阀、止回阀弹簧及紧急阀。

4. 简述 120 阀主阀分解作业过程。

答:主阀分解作业按如下 5 项进行:

(1)卸下主阀上盖,取出主活塞杆组成。

(2)卸下主阀前盖,依次取出加速活塞和加速缓解活塞套。

(3)取下局减阀弹簧及局减阀。

(4)卸下主阀下盖,取出止回阀弹簧和止回阀。

(5)取出紧急二段阀及紧急二段阀弹簧。

5. 简述 120 阀缓解阀分解作业过程。

答:缓解阀分解作业按如下 4 项进行:

(1)卸下缓解阀上盖,取出两个止回阀弹簧及止回阀。

(2)卸下螺母,取出缓解活塞。

(3)卸下缓解阀下盖,取出顶杆座、手柄弹簧及两个顶杆。

(4)取出缓解活塞杆组成。

6. 简述 120 阀紧急阀分解作业过程。

答:紧急阀分解作业按如下 3 项进行:

(1)卸下紧急阀上盖,取出紧急活塞组成及安定弹簧。

(2)卸下放风阀盖,依次取出放风阀弹簧、放风阀杆、先导阀、弹簧座、先导阀弹簧及先导阀。

(3)取出放风阀,拔出先导阀杆。

7. 简述 120 阀局减阀分解作业过程。

答:120 阀局减阀按如下 2 项进行分解:

(1)卸下主阀前盖,取出局减阀弹簧、压圈和毛毡。

(2)抽出局减活塞组成,在局减阀杆上卸下螺母,取下垫圈、局减上活塞、膜板、局减下活塞及两个 O 形密封圈。

8. 如何研磨三通阀胀圈?

答:(1)将选配的胀圈沿胀圈槽转动 1 周并应有少许研磨胀圈平面的研磨量,然后将胀圈装入研磨胎内涂研磨剂在铸铁套或旧阀体内进行上下转动的研磨,直到外圆面光泽均匀为止。

(2)将胀圈装入研磨胎内在油石平台上研磨平面,研磨时用力要均匀,检查研磨状态并涂抹研磨剂,使其在平台上转动研磨,且反复卸下胀圈,装于主活塞环槽内试验吻合,转动胀圈,无局部过紧过松和表面呈现光泽均匀为止。

9. 如何进行主活塞与活塞环选配?

答:(1)活塞环应预先研磨至正圆,活塞环在自由状态下的开口间隙应为 0.1 ~ 1.0 mm,装入铜套内,工作状态的搭口间隙须不大于 0.5 mm。

(2)活塞环装入槽内须无过松、过紧或局部卡滞现象。

(3)活塞环与铜套对磨时,应转动主活塞,直至接触面均匀光亮为止。

(4)组装前须彻底清除研磨剂。

(5)不得对活塞环进行锡焊或电镀,搭口不得改短或加长。

(6)严禁挤压主活塞环槽。

10. 如何研磨滑阀、滑阀座、节制阀?

答:(1)滑阀、滑阀座、节制阀等各滑动面接触不严密及有划伤时研磨。

(2)滑阀、滑阀座、节制阀各工作面须用 180 ~ 240 目油石粗研,用 320 目以上细油石精研。

(3)滑阀上下工作面和节制阀工作面粗研后,将滑阀和节制阀的下工作面两侧磨出约 0.5 ×45°的倒角。

(4)研磨后,在平整的铅板上校对滑阀下工作面的平面度。必要时用粗糙度仪检测,滑阀面的粗糙度 Ra 的上限值为 0.4 μm。

(5)滑阀与滑阀座之间、节制阀与滑阀之间不得对研。

11. 简述三通阀零部件组装作业要求。

答:(1)主活塞与滑阀、滑阀弹簧、节制阀、节制阀弹簧组装后,弹簧销须牢固,滑阀弹簧比滑阀套高出约 3 mm。滑阀在主活塞杆内的前后间隙为 $5.5^{+0.5}_{-0.1}$ mm。

(2)主活塞装入主活塞室后,在主活塞杆接触减速杆时检查充风沟露出主活塞外面约 0.5 mm。

(3)组装时主活塞环、铜套、滑阀、节制阀、滑阀座及滑阀弹簧涂以适量的 120 阀用改性甲基硅油,组装后推拉主活塞,阻力须适当。

(4)紧急活塞与紧急阀座,紧急阀与止回阀配合部分须圆滑。紧急活塞与铜套应有0.1~0.3 mm的间隙。紧急活塞杆与紧急阀座配合间隙不小于0.2 mm。

(5)紧急活塞圆周面磨耗超限时更换,不得用打、压等方法扩大直径。配装的紧急活塞与紧急活塞套的配合间隙过小时,须采用车床对紧急活塞进行加工,不得手工锉、磨。

(6)紧急阀座厚度小于阀下体的座槽深度时,须按图样修理或更换。

(7)不得在紧急活塞座的胶垫上开制沟槽。

12. 三通阀在701试验台上有哪些试验项目?

答:试验项目有如下12项:(1)充气试验;(2)漏泄试验;(3)缓解感度试验;(4)制动灵敏度试验;(5)缓解试验;(6)三通阀急制动孔试验;(7)主活塞胀圈漏泄试验;(8)稳定性试验;(9)制动安定试验;(10)全制动保压试验;(11)紧急制动试验;(12)紧急部综合试验。

13. 三通阀在701试验台试验时,主活塞胀圈漏泄试验不合格是由哪些原因造成的?

答:胀圈漏泄试验不合格主要有下列8项原因:

(1)胀圈在主活塞的胀圈槽内松旷。

(2)胀圈与胀圈槽局部接触不良。

(3)胀圈在胀圈槽内卡死。

(4)主活塞与主活塞套的间隙过大。

(5)胀圈与主活塞套接触不良。

(6)紧急阀漏泄,或各结合部漏风。

(7)主活塞或阀体有砂眼以及滑阀室铜套周围串风,使制动管与副风缸压力空气串通。

(8)试验台不良,例如活塞止棒过短、安装垫过厚、止棒活塞胀圈漏泄等。

14. 三通阀主活塞胀圈漏泄是由哪些原因造成的?

答:GK 型三通阀主活塞胀圈漏泄主要有以下 7 个原因:

(1)主活塞胀圈与铜套接触不良。

(2)主活塞胀圈与槽配合过松或过紧。

(3)主活塞与套间隙过大。

(4)主活塞套磨耗超限。

(5)充气沟过长。

(6)主活塞胀圈搭口间隙过大。

(7)紧急阀漏泄或下体堵漏泄。

15. 三通阀不起紧急制动作用是由哪些原因造成的?

答:三通阀不起紧急制动作用的原因主要有以下 5 项:

(1)紧急活塞周围间隙过大。

(2)风筒盖安装不正位,与主活塞头部发生抵触。

(3)紧急活塞铜套脱落。

(4)止回阀套松动。

(5)GK 阀的紧急活塞座安装不正位,挡住向制动缸的风路。

16. 简述 120/120-1 型控制阀的组装与试验要求。

答:(1)柱塞上橡胶密封圈、塞门内的橡胶密封座、尼龙密封圈须涂适量 GP-9 硅脂或 7057 硅脂,组装时不得损伤密封件。

(2)组装主活塞时,须采用两个扳手或借助台虎钳等工装进行组装,扳手须卡在主活塞杆根部的工艺平面处,均匀用力转动扳手。不得在阀体内组装主活塞螺母。

(3)滑阀、节制阀工作面、滑阀座和滑阀弹簧顶部,须涂适量 120 阀用改性甲基硅油。

(4)120/120-1 阀主阀体安装面防误装销钉孔在上侧

的,须在列车管充气孔、紧急二段阀杆上制动缸充气孔和前盖制动缸缓解通路孔上安装相应缩孔堵,并按配 254 mm 直径制动缸标准进行试验。

(5)120 阀与 120－1 阀的滑阀、主阀上盖不得互换。带有 120－1 阀标识的配件不得装在 120 阀上。

(6)活塞组成螺母紧固力矩须符合表 2－1 的规定。

表 2－1 各活塞组成螺纹的紧固力矩 单位:N·m

序号	名　称	螺纹规格	紧固力矩
1	主活塞组成	M22×1.5	70±10
2	局减阀组成	M8	7±1
3	加速缓解活塞组成	M8	7±1
4	紧急活塞组成	M16×1.5	40±3
5	缓解阀活塞组成	M10	19±3

(7)原装用防丢失螺母的,须在原位置安装防丢失螺母。M10 和 M12 防丢失螺母的组装拧紧力矩分别达到 20 N·m、40 N·m 后,进行试验台性能试验,试验合格后,将防丢失螺母的六方头拧断。

(8)检修的 120/120－1 阀的主阀和紧急阀,须经微控 120 阀试验台试验合格后装车使用。

17. 如何组装 120 阀紧急阀上部?

答:(1)在紧急活塞杆上安装紧急上活塞、紧急膜板、密封圈、紧急下活塞,拧紧螺母,安装静止密封圈。

(2)在紧急阀体内安放安定弹簧及紧急活塞组成,安装静止密封圈、紧急阀盖并用螺母拧紧。

18. 如何组装 120 阀紧急阀下部?

答:组装 120 阀紧急阀下部应符合下列 5 项要求:

(1)在先导阀上安装 O 形密封圈,插入放风阀组成体内,将先导阀及放风阀组成放到放风阀座上。

(2)将放风阀杆放在放风阀组成上。

(3)将夹芯阀放在夹芯阀座上。

(4)安装先导阀弹簧、弹簧座、放风阀弹簧。

(5)安装放风阀盖组成,并用螺母紧固。

19. 120型制动机副风缸充气快是由哪些原因造成的?

答:120 型制动机副风缸充气快主要有以下 4 个原因:

(1)滑阀充气限制孔偏大。

(2)与 ϕ254 mm 制动缸配套的 120 阀的列车管充气缩孔堵孔径偏大。

(3)加速缓解风缸充气孔被堵塞。

(4)加速缓解阀的 ϕ38 mm 夹芯阀与阀座不密贴。

20. 120阀缓解不良是由哪些原因造成的?

答:120 阀缓解不良主要有以下 3 个原因:

(1)滑阀中的 ϕ0. 2 mm“眼泪孔”过大。

(2)列车管通路堵塞。

(3)主活塞存在漏泄。

21. 120阀缓解阀不复位是由哪些原因造成的?

答:120 阀缓解阀不复位主要有以下两个原因:

(1)缓解阀活塞杆与上阀座不垂直、缓解阀弹簧太弱或活塞杆上的 O 形密封圈过紧,产生过大的阻力,使缓解阀弹簧不能推动缓解阀活塞杆下移复位。

(2)缓解阀活塞杆套上的两个通制动上游通路的小孔被异物堵塞,使缓解活塞下腔的压力空气不能排出。

22. 120阀紧急阀排气口漏泄是由哪些原因造成的?

答:120 阀紧急阀排气口漏泄主要有以下 6 个原因:

(1)放风阀与阀座密封不良。

(2)放风阀座与阀体压装时拉伤。

(3)先导阀顶杆内的O形密封圈与放风阀轴向内孔密封不良。

(4)先导阀与位于放风阀杆内的先导阀座密封不良。

(5)放风阀杆O形密封圈损伤或放风阀盖内套拉伤。

(6)紧急阀体内壁有砂眼或放风阀盖内套压装时有拉伤。

23. 120阀紧急室充气过慢是由哪些原因造成的?

答:120阀紧急室充气过慢主要有以下4个原因:

(1)紧急活塞杆径向充气孔Ⅳ(ϕ0.5 mm)偏小,引起紧急室充气慢。

(2)紧急活塞杆径向孔Ⅳ(ϕ0.5 mm)或轴向孔Ⅲ(ϕ2.3 mm)或滤尘套被异物堵塞。

(3)紧急阀盖及放风阀盖结合部漏泄。

(4)初充气过程排气口漏泄。

24. 空气制动阀、空重车阀的存放有何要求?

答:(1)120阀须存放于干燥、通风、避光、避热的室内。

(2)各法兰安装面、管接头处、各型阀的通气孔、排气口须用塞堵或压板等方法密封防护。装车前取下各包装、防护物。

(3)空气制动阀、空重车阀检修完成后,贮存期超过3个月不足6个月的,须经试验台试验合格后装车使用;贮存期超过6个月的,须分解,涂抹硅脂、硅油或润滑脂,装用的橡胶件距生产日期超过1年时更换新品,经试验台试验合格后装车使用;贮存期超过一年的须分解检修,橡胶件更换新品,经试验台试验合格后装车使用。试验后须重新涂打检修标记。

25. 制动试验用设备及量具检定周期如何规定?

答:(1)百分表、游标卡尺、试验器的砝码、力矩扳手等检定周期不超过6个月。精度1.6级压力表检定周期不超过3

个月,其他精度等级压力表检定周期不超过6个月,单车试验时检测制动缸压力用压力表检定周期不超过1个月。压力传感器、流量计、压差计检定周期不超过1年。

(2)微控及集控单车试验器、微控货车空气制动阀试验台、空重车阀试验台等自动检测设备每日开工前须进行性能校验,按设备管理规定定期检修。

(3)闸调器试验台检定周期不超过6个月。

26. 制动阀微控试验台设备维护与安全应注意哪些事项?

答:(1)开工前认真检查试验台卡具、各风门状态及操纵阀手把位置,确认正常。

(2)开机顺序:先打开显示器和其他外接设备,然后打开计算机主机电源。开机后,系统进行自检后进入操作系统。

(3)工作中,不应再移动操纵阀手把,避免影响程序运行和试验结果。

(4)试验中,不得打开试验台各盖板,以免发生安全事故。

(5)更换试验台风门垫、电磁阀时,应切断电源,关闭微控连接开关。

(6)微控试验台应由专人操作,经培训合格后方可上岗。

(7)不得随意插拔电源线及信号电缆线。

(8)不应在运行状态下点按开关或复位键。

(9)试验完毕,先排完风后,待系统压力降为0后再拆卸工件。

(10)工作完毕,关闭计算机应按DOS或Windows系统的关机程序进行,并清理试验台台面,切断电源、风源。

27. 简述折角塞门段修主要工序。

答:折角塞门段修主要工序如下:

除锈→分解→清洗→检测→研磨→二次清洗→组装→试验→储存。

28. 塞门检修的基本要求有哪些?

答:(1)塞门分解前外表面须除锈,分解后各零件须清洗干净。

(2)零件裂纹、折断时更换,手把变形时调修。

(3)塞门开闭作用须灵活,扭矩不大于15 N·m。

29. 锥芯折角塞门检修除基本要求之外还有哪些要求?

答:(1)塞门体、芯、套、盖、手把等磨损时修理或更换。塞门芯开通线不明显者应重新刻打。弹簧衰弱、变形或塞门芯通风断面不符合图样要求时更换。塞门体上无手把挡或手把挡不起作用时更换。

(2)塞门芯磨伤或漏泄时,可刮、锉修理,修理后与塞门体用100~120号金钢砂对研,然后用玻璃粉或擦铜油对研,直至塞门芯各部呈现一致的光泽,研磨时在塞门芯表面涂以研磨剂,采用上下转动并调转方向的方法研磨。

(3)组装前各零件须清洗、擦拭干净并干燥,组装时塞门芯涂以适量89D制动缸脂,托盖螺纹处缠聚四氟乙烯薄膜。

(4)手把插销必须使用标准品,从左向右装入。

30. 球芯折角塞门检修除基本要求之外还有哪些要求?

答:(1)零件须清洗干净,清除球芯轴沟槽内的油污,擦洗塞门体球芯、轴上盖等各装配面。

(2)橡胶密封件和尼龙密封垫须更换新品。球芯、拨芯轴表面有划痕、镀层表面脱落影响密封性能时更换。阀体裂纹、破损时更换。

(3)组装时,O形橡胶密封圈、尼龙密封垫、密封座、拨芯轴、球芯及各配合表面,涂以适量GP-9硅脂或7057硅脂。

(4)上盖各螺栓须均匀紧固。

31. 简述塞门试验方法。

答:将塞门置于关闭位,进气端与试验台风源连接,通以压力为 600 kPa 的压缩空气。

(1)开放位:用塞堵堵住另一端管接口,通风后将手把开闭三次后置于开放位,用防锈检漏剂检查各结合部、阀体,不得漏泄。

(2)关闭位:将塞门手把置于关闭位,卸下塞堵用防锈检漏剂检查各结合部、阀体及通风口。在锥芯塞门管接口涂防锈检漏剂,10 s 内泡不得破裂;球芯塞门不得漏泄。

32. 编织制动软管总成如何检查?

答:(1)编织制动软管总成的使用寿命为 6 年。

(2)清除编织制动软管总成外表面尘砂及污物。

(3)连接器体须无裂纹、变形,连接部分状态良好,连接平面无毛刺,连接轮廓符合样板要求。软管垫须更换新品。

(4)接头裂纹、缺损、螺纹磨耗超限时更换。

(5)软管体老化、破损、脱层时更换。

(6)编织制动软管总成的外护簧断裂、锈蚀严重时更换。

(7)编织制动软管总成装车前须进行风压、水压试验。

33. 编织制动软管总成试验有何要求?

答:(1)风压试验:将编织制动软管总成置于水槽内,通以压缩空气达到 650 ~ 700 kPa 后保压 5 min,编织制动软管总成须无漏泄、破裂,软管发生气泡在 10 min 内逐渐减少并消失者可使用。

(2)水压试验:以 1 000 kPa 的水压进行强度试验,保压 2 min须无破损、外径无局部凸起,软管膨胀后直径大于 ϕ57 mm时更换。水压试验后须清除管内积水。

34. 简述安全阀、缓解阀段修主要工序。

答:安全阀、缓解阀段修主要工序如下:

除锈→分解→清洗→检测→研磨→二次清洗→组装→试验→储存。

35. 安全阀检修要求有哪些?

答:(1)各零件裂纹、变形时更换。阀与座接触不严时用400号金钢砂研磨。阀杆与调整螺套须有不大于1 mm的间隙。阀与套间隙不大于0.2 mm,大于时换阀调整。阀体下部螺纹缺损时更换。弹簧折断、弯曲或自由高低于70 mm时更换,新品弹簧自由高须为$73_{-1.0}^{+3.5}$ mm。

(2)组装时,在阀杆、阀芯上涂以适量120阀用改性甲基硅油。将阀芯、阀杆及弹簧装入阀体内,拧入调整螺套(在阀杆孔上涂适量120阀用改性甲基硅油)至适当位置待试验。调整螺套螺纹拧入长度不少于15 mm(即10扣以上)。

36. 安全阀试验要求有哪些?

答:(1)在专用试验台上旋转调整螺套,安全阀须在压力升至190 kPa前排风,降至160 kPa前停止排风,且不得漏泄。安装螺帽后,重复试验1~2次。

(2)组装试验合格后进行铅封,须用直径0.5~0.9 mm铁丝铅封,铅封检修单位代号须明显。涂打190 kPa字样,字号为20号,不得堵塞排气孔。

37. 缓解阀的检修要求有哪些?

答:(1)阀体裂纹时更换;阀杆弯曲、裂纹或阀杆头部磨耗严重影响作用时更换;弹簧衰弱或折断时更换;托盖及阀体螺纹损伤时更换。缓解阀阀杆销两端须铆固。

(2)组装时,在螺纹上缠聚四氟乙烯薄膜后拧紧。组装后,压动阀杆时须留有间隙。

38. 缓解阀试验要求有哪些?

答:将缓解阀装于试验台上,通以压力为600 kPa的压缩空气。缓解阀处于关闭位置时,在阀体及排风口处涂肥皂水不得漏泄;拉、压阀杆时,空气应畅通排出,松开压阀杆后,须自动恢复原位,不得漏泄。

39. KZW－4G 系列调整阀由哪些部件组成?

答:调整阀主要由阀体、阀盖、中间体、作用杆、橡胶膜板Ⅰ、橡胶膜板Ⅱ、活塞、夹芯阀、夹芯阀弹簧、压力弹簧、调整片、显示牌、活塞杆、显示弹簧、显示活塞、后盖及密封胶圈等 17 种零部件组成。

40. T－1 型调整阀由几部分组成?

答:T－1 型调整阀由显示部、比例控制部及跃升部 3 部分组成。

(1)显示部由上盖组成、显示器弹簧、O 形密封圈、显示器等组成。

(2)比例控制部由上体组成、上活塞、上(下)膜板、压杆、O 形密封圈、下活塞、止回阀、上(下)衬圈等组成。

(3)跃升部由跃升活塞、跃升弹簧、O 形密封圈、顶杆、下盖等组成。

41. WG－1型传感阀由几部分组成?

答:WG－1 型传感阀主要由活塞、顶杆组成、触头组成、顶杆弹簧、复原弹簧、上盖和阀体等 7 部分组成。

42. 简述 KZW 系列空重车自动调整装置中传感阀的检修要求。

答:(1)须卸下分解检修,经微机控制试验台试验合格后装车使用。

(2)检修前须清洗干燥,各零件裂纹或锈蚀时更换。

(3)触杆 ϕ18 mm 柱面直径小于 ϕ17.6 mm 时更换,划伤时可用细砂纸或油石打磨修理,各柱塞及铜套表面须光滑。触杆 ϕ1.5 mm 孔及 ϕ4 mm 孔须通畅,阻塞时用小于各孔径的钢针疏通。

(4)C－A型传感阀防尘罩破损、老化严重或顶部磨耗深度超过1 mm时更换,丢失时补装。触杆φ18 mm柱面拉伤时更换;其他部位拉伤时修理或更换。

(5)弹簧在弹簧测力机上进行检测,符合表2－2规定。

表2－2　KZW系列传感阀弹簧参数表

序号	名称	自由高(mm)	工作高(mm)	工作负荷(N)	数量	适用型号
1	复原弹簧	63^{+1}_{-3}	29	$51.8^{+1.6}_{-5}$	1	KZW－A(21),KZW－4GA
		75.5^{+1}_{-3}	34	$47.5^{+1.2}_{-4}$	1	KZW－A(27),KZW－4GC
		63^{+1}_{-3}	23	$60^{+1.5}_{-4.5}$	1	KZW－4
2	调压弹簧	53.5^{0}_{-2}	33	433^{0}_{-42}	1	KZW－A(21),KZW－4GA
		60^{0}_{-2}	36	305^{0}_{-26}	1	KZW－A(27)
		60^{0}_{-2}	36	255^{0}_{-21}	1	KZW－4GC
		52.2^{0}_{-2}	36	254.8^{0}_{-32}	1	KZW－4
3	夹心阀弹簧	30.2^{+1}_{-2}	13	$23.42^{+1.5}_{-3}$	1	KZW－A(21),KZW－4GA、KZW－A(27),KZW－4GC、KZW－4
4	复位弹簧	168.6^{+5}_{-10}	87.5	65^{+4}_{-8}	1	KZW－A(21),KZW－4GA、KZW－A(27),KZW－4GC

43. 简述KZW系列空重车自动调整装置中调整阀的检修要求。

答:(1)须卸下分解检修,经微机控制试验台试验合格后装车使用。

(2)检修前须清洗干燥,各零件裂纹或锈蚀时更换。

(3)显示活塞φ8 mm柱面划伤时可用细砂纸或油石打磨修理或更换。中体铜套内孔划伤时更换。各柱塞及铜套表面须光滑。

(4)弹簧在弹簧测力机上进行检测,符合表2－3规定。

表 2-3 KZW 系列调整阀弹簧参数表

序号	名 称	自由高(mm)	工作高(mm)	工作负荷(N)	数量	适用型号
1	压力弹簧	19 ±1	13	165.4 ±28	1	
		19 ±1	15	90 ±24	1	KZW-4
2	阀芯弹簧	30^{+1}_{-2}	13.3	$11.3^{+0.7}_{-1.4}$	1	
		30^{+1}_{-2}	19	$6^{+0.5}_{-1}$	1	KZW-4
3	显示弹簧	36^{+1}_{-2}	19.3	$56.5^{+3.5}_{-7}$	1	
		36^{+1}_{-2}	16.5	130^{+7}_{-14}	1	KZW-4

注:未注明适用型号者为除 KZW-4 型外的其他型号。

44. 简述 KZW 系列空重车自动调整装置中传感阀、限压阀的组装要求。

答:(1)组装前各零件须清洁。

(2)橡胶件须更换新品,不得接触油类(汽油、煤油)、香蕉水、碱酸液体等。

(3)各活动密封圈须涂以适量 GP-9 硅脂或 7057 硅脂。

(4)活塞装入相应孔内推动时动作须灵活。

(5)紧固组装螺栓时,各螺栓须对角均匀拧紧,不得偏压。

2.3 外制动钳工岗位

1. 基础制动装置如何分类?

答:(1)按闸瓦的配置,基础制动装置可分为"单侧制动"和"双侧制动"两种,只在车轮一侧配置闸瓦的,称为单侧制动,一般使用于货车上;在车轮相对两侧都配置闸瓦的,称为双侧制动,一般使用于客车上。

(2)按传动机构的配置,基础制动装置分为"散开式"和"单元式"两种。全车只有一个制动缸,在制动缸和各闸瓦之间有很多杠杆和拉杆联结到一起散开布置在整个车架下面的,称为“散开式”;“单元式”的特点是制动缸数量较多,各个制动缸分别设置在各个轮对的附近,制动缸和闸瓦之间杠杆很少,甚至没有杠杆,从制动缸到闸瓦组成一个个非常紧凑的制动单元。

2. 货车基础制动装置由哪些零部件组成?

答:货车基础制动装置一般由制动缸活塞推杆、制动杠杆、连接杠杆、中拉杆、上拉杆、移动杠杆、固定杠杆、固定杠杆支点、制动梁、闸瓦、闸瓦间隙自动调整器及手制动拉杆等组成。另外控制杠杆、控制杆、附加杠杆、附加拉杆、闸瓦托吊等零部件,也属于基础制动装置零部件范畴。

3. 基础制动装置的摩擦及转动部分为何须涂润滑脂?

答:基础制动装置的摩擦及转动部分涂润滑脂的目的,是为了减小摩擦阻力,使基础制动装置作用灵活,提高制动效率,同时可防止锈蚀,延长零部件的使用寿命。

4. 何谓低摩、高摩合成闸瓦?

答:合成闸瓦是由树脂、金属粉末(铸铁粉、铜粉、铝粉或铅锌等氧化物)、减摩剂及稳定剂等材料在热压下塑合而成。按摩擦系数的大小,合成闸瓦分为低摩和高摩两种。低摩合成闸瓦的摩擦系数与铸铁闸瓦非常接近,可与之通用,而无须改变基础制动装置的结构。

高摩合成闸瓦的摩擦系数约比铸铁闸瓦高1倍。采用高摩合成闸瓦时,可用较小的闸瓦压力获得同样的制动力,因此可选用尺寸较小的制动缸,并缩小简化基础制动装置各零部件的尺寸。为防止误装,高摩合成闸瓦及其闸瓦托的连接部位结构尺寸与铸铁闸瓦不同。

5. 合成闸瓦有何特点?

答:合成闸瓦有下列4个特点:

(1)可以按需要用改变或调整配方和工艺等方法获得合乎制动要求的摩擦系数。如低摩合成闸瓦可做到其摩擦系数随速度变化比较平稳,从而可克服铸铁闸瓦低速时因摩擦系数提高过大易出现滑行的缺点。

(2)闸瓦本身的重量轻,约为铸铁闸瓦的1/3。

(3)耐磨性好,使用寿命约为铸铁闸瓦的5~6倍。

(4)制动时无火花或基本无火花,可防止因制动而引起火灾事故。

6. 货车空气制动机的制动倍率过大、过小有何害处?

答:制动倍率的标准范围,一般货车以7~9倍为宜。制动倍率的数值对制动效果及运用维修工作有直接影响。制动倍率过大时,闸瓦有磨耗就会导致制动缸活塞行程明显的延长,不仅直接影响制动力衰减,还增加调整活塞行程的工作量。而装用闸瓦间隙自动调整器的制动机,因调整频繁使闸瓦间隙自动调整器使用寿命缩短。制动倍率过小时,为保证必要的制动力,需加大副风缸容积或增加制动缸直径。因此制动倍率不可过大或过小,应在适当范围内为宜。

7. 调整制动缸活塞行程时,基础制动装置应符合哪些要求?

答:调整制动缸活塞行程时,基础制动装置应符合下列3项要求:

(1)两转向架制动力须均衡,其2根下拉杆(或中拉杆)圆销组装后的销孔相差不超过1孔(装用2个制动缸且在车辆两端布置的车辆不做要求)。

(2)制动时闸瓦须贴靠车轮,制动缸前、后杠杆与杠杆托的游动间隙不小于50 mm。转K2、转K5、转K6型转向架的移动杠杆不得倒向摇枕一侧;转8A、转8AG、转8G、转8AB、转8B、转K4型转向架的移动杠杆不得倒向车轴一侧。

(3)未装用闸瓦间隙自动调整器的车辆,上拉杆圆销须安装在最外孔,固定杠杆支点须留有调整余量,3 孔者留有 1 孔,其他型须留有 2 孔及以上。

8. 货车装用高摩合成闸瓦与其他闸瓦时,制动装置有何区别?

答:(1)货车装用高摩合成闸瓦时,制动缸一般采用 254 mm×254 mm 制动缸;装用高磷或其他闸瓦时,一般采用 356 mm×254 mm 制动缸。

(2)当车辆制动装置由 356 mm×254 mm 制动缸、通用铸铁闸瓦,换装为 356 mm×254 mm 制动缸、高摩合成闸瓦时,须将空重车自动调整装置由 A 型调整至 B 型,或由 C 型调整至 D 型。

9. 往车辆上安装三通阀时应注意哪些事项?

答:往车辆上安装三通阀时应注意以下 5 点事项:

(1)三通阀安装前须将防尘堵取下并注意检查其外部通路是否有堵塞物。阀下体上的检修标记须清晰。

(2)安装座垫更换新品,并擦拭干净。安装时气密线应向副风缸(或制动缸)一侧。

(3)螺栓须均匀紧固。

(4)阀下体与活接头螺母连接时,须加装滤尘网、清洁的填料和活接头垫。

(5)三通阀排气口须安装符合图纸规定的排气管,管口向下。

10. 制动缸由哪些主要零部件组成?

答:普通制动缸主要由以下 9 种零部件组成:缸体、前盖、后盖、活塞、活塞杆、活塞皮碗、压板、缓解弹簧和衬垫等组成。旋压密封式制动缸主要由以下 9 种零部件组成:缸体组成、前盖组成、活塞、活塞杆、活塞皮碗、毡托组成、滤尘器组成、前盖滤尘套组成、缸座等。

11. 356 mm×254 mm、254 mm×254 mm 旋压密封式制动缸分别有何主要结构特点?

答:(1)356 mm×254 mm 旋压密封式制动缸有以下结构特点:重量轻,总重约为 76 kg,仅为同型号铸铁缸重量的 50%;制动缸内表面精度高;一次加工成型,可保证制动缸整体结构;缸体具有可焊性;互换性好。从而延长了制动缸检修期,减轻了现场工人的劳动强度,改善制动缸性能。

(2)254 mm×254 mm 旋压密封式制动缸是根据铁道部技术规划、大秦线上运行的 C_{63A} 型重载运煤车逐步换装为 254 mm×254 mm 旋压密封式制动缸的要求而设计的。它的主要特点是重量轻,总重约为 51 kg,仅为同型号铸铁缸重量的 61%;缸体内表面精度高,且一次加工成型;缸体结构好,具有可焊性;互换性好。从而延长了制动缸检修期,减轻了现场工人的劳动强度,并对改善制动缸性能起着重要作用。

12. 制动缸活塞行程过长或过短有何害处?

答:制动缸活塞行程的长短直接关系到制动力的大小。因为在施行一定减压量的制动时,副风缸进入制动缸的压力空气是一定的,而进入制动缸的这一部分压力空气,将随着制动缸的容积、不同而产生不同的单位压力。因此,当活塞行程较长时,制动缸的容积也较大,它的空气压力就较低,制动力也随着减小,延长制动距离,影响行车安全;制动缸活塞行程过短时,制动缸的容积缩小,而制动缸空气压力增大,因制动力过大而抱死车轮,造成车轮踏面擦伤。

13. 制动缸活塞行程是如何规定的?

答:制动缸活塞行程规定如表 2-4 规定。

表 2－4　制动缸活塞行程　　单位:mm

制动缸规格	制动缸活塞行程	
	装用闸调器	未装闸调器
356×254	125±10	100±15
305×254	155±10	–
254×254	155±10	–
203×254	125±10	–

14. 制动缸漏风造成不起制动作用或制动后自然缓解主要是由什么原因引起的?

答:制动作用不良主要有以下 9 项原因:

(1)皮碗磨耗、破损,或皮碗在活塞上安装不正位。

(2)皮碗直径小或材质不良,气密性差。

(3)皮碗在寒冷地区低温情况下硬化收缩,失去气密作用。

(4)皮碗压板松动使皮碗窜风。

(5)活塞裂纹、砂眼。

(6)制动缸漏风沟过长,截面积过大。

(7)制动缸内壁有拉伤或锈蚀。

(8)制动缸后盖胶垫漏泄。

(9)制动缸的附属装置漏泄。

15. 制动缸缓解不良主要是由什么原因造成的?

答:制动缸缓解不良主要有以下 4 个原因:

(1)皮碗直径大或因皮碗耐油性差,发生膨胀,直径增大。

(2)制动缸缺油、生锈;制动缸内的润滑脂在冬季低温下凝固。

(3)活塞杆弯曲,使它与制动缸前盖上的活塞杆孔发生抵触。

(4)缓解弹簧折断或弹力过弱。

16. 组合式集尘器(TB/T 2697)有何作用及构造?

答:组合式集尘器安装于制动支管与制动阀之间,具有截断塞门和集尘器的双重作用。

组合式集尘器主要由组合式集尘器体、密封座、球芯、垫圈、密封圈、拨芯轴、密封垫、盖、手把、垫、集尘盒和止尘伞等12个零部件组成。

17. 远心集尘器有何用途? 由哪些零部件组成?

答:远心集尘器安装在制动支管上,在截断塞门与制动阀之间,它利用离心力的作用,将制动管压力空气中的尘砂、锈垢、油分、水分等不洁物质沉积在集尘盒内。

主要由集尘器体与集尘盒两部分组成,用T型螺栓连接在一起,中间设有防漏泄的密封胶垫,集尘盒内有1个垂直的固定杆,杆的顶端安放1个止尘伞,可以自由摆动。

18. 组合式集尘器(TB/T 2697—1996)与球芯截断塞门集尘器(TB/T 2200—1991)有何区别?

答:组合式集尘器(TB/T 2697—1996)为整体结构,截断塞门部与集尘器部共用1个塞门体,接支管侧法兰接头螺栓孔为水平排列;接制动阀侧法兰接头螺栓孔为垂直排列。

球芯截断塞门集尘器(TB/T 2200—1991)为分体式结构,截断塞门部与集尘器部用螺栓连接,接支管侧和制动阀侧法兰接头螺栓孔均为横置。球芯截断塞门集尘器(TB/T 2200—1991)已不再生产。

19. 截断塞门和空重车转换塞门现车检修时,有哪些要求?

答:截断塞门和空重车转换塞门现车检修时,须拆下弹簧托盖,取出弹簧及塞门芯,将塞门体内部擦拭干净。漏泄时按要求研磨后，将研磨剂擦拭干净，涂适量 89D 制动缸脂后组装。单车试验时塞门各结合部不得漏泄。

20. 缓解阀常见故障有哪些？原因何在？

答：缓解阀常见故障及原因如下：

(1)排气孔漏风

原因：阀杆过长，或杠杆以及杠杆销尺寸、位置不符合规定，使阀不能关闭；阀与阀座之间夹有杂物；阀胶垫破损；弹簧折损或作用不良。

(2)不起排风作用或排风过慢

原因：阀杆过短或其他有关零件尺寸不符合规定，当拉动杠杆时阀不能开放，或开放太小；阀胶垫从槽内脱出。

(3)拉动杠杆时排风，但推动时不排风，或推动杠杆时排风，但拉动时不排风。

原因：杠杆销的位置高低不一致；杠杆上面与销接触的两凹槽深浅不一致。

21. 安装编织制动软管总成时有何要求？

答：安装编织制动软管总成时，接头须牢固的安装在折角塞门口内，应注意安装角度，软管连接器的连接平面与轨道面垂直连接器垫圈不得反装，检修标记须保持清晰。

22. 安装远心集尘器应注意什么事项？

答：安装远心集尘器时须正位，注意方向不要装反(器体上的箭头指向三通阀一侧)，另须保持垂直，否则将失去集尘作用。

23. 滤尘网有何用途？安装时应注意什么事项？

答：滤尘网的用途是将经过集尘器清洁后的压力空气，再经过一次过滤，防止细微的尘埃、锈垢等侵入制动阀内。

安装时应注意下列 4 项：

(1)滤尘网应为铜质或镀有防锈层的铁制品。

(2)三通阀滤尘网填料应为马鬃、马尾或同类毛制品,长度大于75 mm,禁止用树棕做过滤材料。

(3)滤尘网的网圈与网应用锡焊牢,以防两者脱离吹入制动阀内,造成故障。

(4)安装时各部尺寸须符合规定,以免滤尘网发生变形或挤坏。

24. ST1-600型、ST2-250型闸瓦间隙自动调整器的基本构造是什么?

答:ST1-600型、ST2-250型闸瓦间隙自动调整器由本体部、控制部和连接部等3部分组成。本体部是主体,它由外体、拉杆、护管、螺杆等组成。螺杆与引导螺母或调整螺母组成为非自锁螺母副。另有主弹簧、压紧弹簧、小弹簧、引导弹簧等4个弹簧。离合器共有6个,其中1个是锥齿式的,另1个是平面离合器,其余4个是锥面或弧面离合器。此外还有轴承等零部件。

25. ST1-600型、ST2-250型闸瓦间隙自动调整器的基本作用原理是什么?

答:闸瓦间隙自动调整器的基本构造实际相当于将拉杆截成两截,套在一起。一截做成螺杆,另一截成为带框架的空心拉杆。中间用调整螺母连接,转动调整螺母,拉杆就伸长或缩短。在调整螺母前后装上预压缩的弹簧,把螺杆和调整螺母做成"多头的非自锁螺纹",弹簧推动螺母向前或向后转动。当闸瓦磨耗间隙增大,闸瓦间隙自动调整器自动缩短,将闸瓦与车轮间隙调至正常范围;当换上新闸瓦后,间隙变小,闸瓦间隙自动调整器自动伸长,将间隙调到正常范围,从而使制动缸活塞行程保持在规定范围内。

26. ST1-600型与ST2-250型闸瓦间隙自动调整器有何主要区别?

答:ST1－600型与ST2－250型闸瓦间隙自动调整器构造基本相同,大部分零件可互换使用。其主要区别是:ST1－600型闸瓦间隙自动调整器安装在车辆1位上拉杆位置使用;而ST2－250型闸瓦间隙自动调整器安装在中拉杆位置上使用,其全长较短,质量也较轻,一次性调整制动缸活塞行程也较大。

27. 杠杆式和推杆式闸瓦间隙自动调整器相比有何优缺点?

答:杠杆式闸瓦间隙自动调整器的控制距离较小,不会压死主弹簧,制动力损失较小,可避免产生控制杆弯曲变形而导致作用失效现象,但当闸瓦压力一次性增大时,需4~5次制动后方能恢复至规定值。总之,杠杆式闸瓦优于推杆式闸瓦,已在货车上得到广泛应用。

28. 闸瓦间隙自动调整器在何种状态下进行检修?

答:闸瓦间隙自动调整器的检修工作是采取状态修与定期修相结合的方式:

(1)状态修是指对闸瓦间隙自动调整器的一般修,是与车辆临修、辅修、段修相结合进行外观检查及性能试验,闸瓦间隙自动调整器变形、破损、性能失效以及段修闸瓦间隙自动调整器到达大修期时应送定点单位进行大修。

(2)闸瓦间隙自动调整器在以下三种情况下必须进行大修:

① 车辆厂修时的闸瓦间隙自动调整器。

② 车辆临修、辅修、段修作用试验不良或失效更换下的闸瓦间隙自动调整器。

③ 货车段修时经检查确认使用时间满6年的闸瓦间隙自动调整器。

29. 如何进行闸瓦间隙自动调整器性能试验?

答:(1)试验准备:装用闸调器的车辆应准备1块340 mm×60 mm×16 mm、R420 mm的弧形垫板,并将闸调器的螺杆调至以下尺寸(全部装用新闸瓦时,螺杆上刻线至护管端部的距离):ST1-600型为500~570 mm;ST2-250型为200~240 mm。

(2)闸瓦间隙减小试验:单车试验器置1位,待制动机缓解完毕后,将垫板放入任一闸瓦与车轮之间,副风缸充至定压后,单车试验器置5位减压140 kPa,制动缸活塞行程须变短。反复制动、缓解三次后,制动缸活塞行程与初始行程(即未安装垫板时的行程)之差须不大于10 mm。

(3)闸瓦间隙增大试验:制动机缓解后,撤去闸瓦与车轮之间的垫板,制动后制动缸活塞行程须变长。反复制动、缓解三次后,制动缸活塞行程与初始行程(即未安装垫板时的行程)之差不大于10 mm。

30. 装用闸瓦间隙自动调整器的车辆,如何调整制动销孔位置?

答:在货车段修时为重新确定"L"值,需要调整销孔位置,应在两转向架上对称调整,不对称性不得大于1个销孔位置,为了减少基础制动装置组装后返工,可根据车轮轮径的不同,组装下拉杆及固定杠杆支点销孔时,可参照表2-5安装。

表2-5 下拉杆与固定杠杆支点销孔组装位置

转向架车轮平均直径(mm)	>820	820~800	800~780	<780
下拉杆孔位	1~1	1~2	1~2	2~2
固定支点孔位	2	1	2	1

31. KZW系列空重车自动调整装置段修时有何要求?

答:应按下列7项要求进行检修:

(1)传感阀、比例阀、调整阀须分解检修,并在试验台上试验，保证性能良好。

(2)复位弹簧裂纹、腐蚀严重时更换。弹簧座上的弹簧支承平面磨耗大于 1 mm 时更换。

(3)触头组成减摩垫露出高度小于 1 mm 时更换。无减摩垫的触头须更换为有减摩垫的触头。

(4)支架 ϕ25 mm 或 ϕ36 mm 内孔磨耗大于 1 mm，或支架裂纹、缺损时更换。

(5)抑制盘 ϕ25 mm 或 ϕ36 mm 柱面磨耗大于 1 mm，或抑制盘裂纹、缺损时更换。

(6)抑制盘润滑脂腔内须注入适量 GP－9 润滑脂，抑制盘在支架导管内应滑动灵活。

(7)连接管路外观检查应无腐蚀；管路应吹扫清理，保持管路清洁畅通；管路橡胶件良好。

32. 简述空重车自动调整装置的现车组装要求。

答：现车组装时有以下 9 项要求：

(1)车体落成后，横跨梁与转向架移动杠杆及上拉杆的距离不小于 6 mm。

(2)在空车状态下，横跨梁与车体枕梁下盖板的距离不小于 60 mm，转 8AB、转 8B 型不小于 68 mm。

(3)触头与横跨梁触板的间隙须符合表 2－6 规定：

表 2－6 触头与横跨梁触板的间隙 单位：mm

KZW 系列传感阀		TWG－1 系列传感阀	
测重行程 21	测重行程 27	TWG－1A 型	TWG－1C 型
3 ±1	6 ±1	3 ±1	6 ±1

不符时，可调整横跨梁垫板厚度。横跨梁垫板总厚度不大于 25 mm，且不超过 3 块；且应安装在尼龙磨耗板的下面。达不到要求时，可在横跨梁触板上焊装材质为 0Cr18Ni9 的触

板，转 8AB 和转 8B 型横跨梁触板规格为 150 mm × 70 mm × (5 ~ 12) mm，数量不超过 2 块，两长边满焊；其他型转向架横跨梁触板规格为 175 mm × 95 mm × (5 ~ 12) mm，数量不超过 2 块，两长边满焊。

(4) 横跨梁组装螺栓垂直移动量为 3 ~ 5 mm(P65 等型车为 1 ~ 3 mm)，须安装开口销。支架及抑制盘触头支架组成用螺栓安装在支架托板上，并安装弹簧垫圈，螺栓须紧固，并露出 1 ~ 3 扣螺纹。

(5) 横跨梁垫板与横跨梁托调整垫板的间隙不大于 1 mm。

(6) 调整阀阀管座须清扫干净。调整阀与阀管座间须安装橡胶密封垫。

(7) 各连接管法兰间须安装密封圈。

(8) 各部件的面漆颜色须与车体一致；传感阀的触杆、抑制盘的圆柱轴及触头螺纹等活动部位不得涂漆；管座和法兰连接面不得涂漆。

(9) 单车试验合格后，须将调整阀安装螺栓两边点焊固。

33. 货车常用人力制动机有几种?

答:主要有以下 5 种:

(1) 链式手制动机:分为固定式和折叠式两种。

(2) 旋转式手制动机:用在一部分旧型货车上。

(3) 掣轮式手制动机:只用在少数货车上，如 B_6 和 B_{6A} 等。

(4) 卧式手制动机:如 FSW、NSW 型手制动机。

(5) 脚踏式制动机。

34. 货车链式手制动机由哪些零部件组成?

答:货车链式手制动机主要由手制动手轮、手制动轴、手制动轴导架、棘子、棘子锤、棘子托、棘轮、踏板、手制动轴托、轴键、手制动链、链导板、链条滑轮、手制动拉杆托、手制动拉杆等 13 种零部件组成。

35. 段修时手制动机应主要检查哪些零部件?

答:手制动机主要检查下列 5 项零部件或项目:

(1)检查手轮、棘轮、棘子、棘子托、棘子锤、轴键、链、链导板、转动支架、转动支架座、销链、滑轮、轴导架、轴托、各转动部位、手轮组装螺栓、手制动轴等。

(2)掣轮式手制动机分解检查掣轮盒盖、拉把、棘轮、棘子、棘子轴座、弹簧等。

(3)折叠式手制动机检查铆钉、叉口、轴套、轴卡板及销、链、轴托架等。

(4)旋转式手制动机检查止轮座组成、转动支架与转动支架座间隙、转动支架孔与手制动轴间隙、螺钉、转动支架沟槽等。

(5)FSW 型手制动机螺栓组装的箱体开盖检查箱内转动件等。

36. 简述 NSW 型手制动机检修要求。

答:(1)手制动机装有的锁闭机构的锁臂、锁闭弹簧、轴、轴架和锁闭凸轮须拆除,壳体上的锁闭机构钥匙孔须堵焊良好。

(2)手制动机箱内转动件铆接者状态良好时可不分解,状态不良的须分解修理或更换。

(3)手轮组成或箱壳组成零部件裂纹或焊缝开裂时焊修后磨平。

(4)箱壳组成中的注油孔塞须更换新品。

(5)棘轮、离合器、小齿轮损坏时更换;键轮损坏时,主动轴和键轮须同时更换。

(6)卷链轴凹槽深度大于 14 mm 或链环直径磨耗后小于

ϕ9 mm 时更换。链环裂纹时须熔接焊修,并须进行 14.70 kN 的拉力试验。

(7)键轮与离合器之间、离合器与棘轮和小齿轮之间、小齿轮与主动轴之间和卷链轴组成的大齿轮须涂 89D 制动缸脂。

37. 何谓单车试验?制动装置单车试验的项目有哪些?

答:单车试验是指测定车辆制动机和整个车辆制动装置在静止状态时的性能试验。制动装置在单车试验前,须进行制动主管吹尘及漏泄检查,并进行下列 9 项试验:制动管漏泄试验、全车漏泄试验、制动及缓解感度试验、制动安定试验、紧急制动试验,装用 120 型制动机的车辆还须进行加速缓解阀试验、半自动缓解阀试验,安装闸瓦间隙自动调整器和空重车自动调整装置的车辆还应分别按规定进行闸瓦间隙自动调整器性能试验和空重车自动调整装置性能试验,装用球芯折角塞门或球芯直端塞门的车辆须进行过球试验。

38. 制动装置单车试验前应进行哪些准备工作?

答:应进行下列 6 项准备工作:

(1)制动机空重车手把置于空车位;车辆上装设的其他风动装置须开放,处于工作状态。

(2)在制动缸后盖或制动阀排风口处安装压力表或传感器。

(3)装用闸瓦间隙自动调整器的车辆应准备 340 mm × 60 mm × 16 mm、R420 mm 的弧形垫板,并将闸瓦间隙自动调整器的螺杆调至以下尺寸(螺杆上刻线至护管端部距离):

① ST1 - 600 型为 500 ~ 570 mm;

② 574B 型为 500 ~ 550 mm;

③ ST2 - 250 型为 200 ~ 240 mm。

(4)装用空重车自动调整装置的车辆按规定准备试验

垫板。

(5)在空车状态下,检查和调整抑制盘触头与磨耗板的间隙。抑制盘下平面坐落在阀座支架导管的顶端时,触头与磨耗板的间隙须符合规定,触头与抑制盘螺杆须用开口销锁定。

(6)确认单车试验器压力为500 kPa。

39. 单车试验器上的连接软管规格和长度各有什么规定?

答:单车试验器安装软管两根,一根接风源,另一根接车辆的制动软管。接车辆制动软管的一根,规定长度为1.5~2 m,内径为ϕ25 mm。如果其容积过大或内径过小、过长,都会影响试验的准确性。

40. 制动装置单车试验前应注意哪些事项?

答:制动装置单车试验前应注意下列4项:

(1)用压力空气吹扫制动管时,应用手握紧制动软管连接器,以防软管打伤人;摘开内部有压力空气的制动软管时,要先关闭折角塞门,然后握紧制动软管联结器慢慢摘开。

(2)吹扫副风缸时要关闭截断塞门,副风缸内空气压力不得过高,在卸排水堵时,手掌要避开压力空气吹出的方向。

(3)更换制动管系各零部件和调整活塞行程时,工作前必须切断风源并排风后再进行作业。

(4)单车试验时要注意车下有无作业人员,并进行呼唤应答。

41. 进行单车缓解感度试验时,制动阀不发生缓解作用应如何处理?

答:应先确认风源压力是否过低,其次应检查制动管系的漏泄,如果检查无问题,即应卸下制动阀,在试验台上进行机能检查。

若单车缓解感度试验中不缓解的制动阀较多,或通过试验台试验制动阀没有故障,则可能是单车试验器的故障,此时应检查校对单车试验器。

42. 简述单车试验时车辆制动机缓解不良的原因。

答:制动机缓解不良主要有以下3个原因:

(1)制动感度试验后进行缓解时,三通阀、分配阀或控制阀排风口不排风、不缓解,是因为三通阀、分配阀或控制阀的主阀有故障,可先卸下排气管,如无堵塞即为阀本身有故障,必须更换三通阀或主阀。

(2)制动缓解感度试验或安定试验后充风时,三通阀、分配阀或控制阀主阀排风而制动缸不缓解,是因为制动缸有故障,必须分解检查制动缸各部状态针对故障修理。

(3)制动缓解试验时,三通阀排风口大量排风,制动缸不缓解时,是因为三通阀紧急部有故障,必须更换三通阀。

43. 简述单车试验时车辆制动机自然缓解的原因。

答:制动机自然缓解主要有下列两项原因:

(1)三通阀或控制阀的滑阀、节制阀漏泄或制动缸、副风缸、安全阀、降压气室及其管系有漏泄,须换阀及处理漏泄部位。

(2)分配阀、滑阀、节制阀漏泄或压力风缸及其管系漏泄,必须更换主阀及处理漏泄部位。

44. 单车试验时对自动制动装置有何要求?

答:单车试验时须开放脱轨自动制动装置截断塞门,因脱轨自动制动装置漏泄造成全车漏泄超限时更换。

45. 微机控制单车试验器由哪些主要部件组成?

答:主要由以下9个部件组成:车体、过滤器、调压阀、风阀门、电磁阀、传感器、电源、微机控制盒、打印机等。

46. 微机集中控制单车试验器由哪些主要部件组成?

答:主要由以下9个部件组成:电磁换向阀组、压力传感器、阀组提升机、工业控制计算机、对讲机、无线收发装置、接口电路、转换电路和阀组扣压试验装置等。

47. 微机控制单车试验器有哪几个作用位置?

答:有8个作用位置:(1)急充风缓解位;(2)减速充风缓解位;(3)保压位;(4)制动感度试验位;(5)制动安定试验位;(6)紧急制动位;(7)120阀制动安定位;(8)120阀紧急制动位。

48. 微机控制单车试验器的常见故障及日常维护保养有何要求?

答:(1)常见故障有下列5种:

① 屏幕不显示:检查电瓶电量,电瓶开关是否打开,控制盒开关是否良好,保险管是否良好,控制线路接头是否牢靠。

② 电磁阀无动作:检查是否有转换电压输出,检查电源插头是否插实,检查电瓶是否过放,保险丝是否良好。

③ 打印机不工作:检查是否有5 V电压输出,检查电源线两边是否良好,检查打印机开关是否良好。

④ 手动按钮指示灯不亮:检查灯是否良好,检查保险管是否良好。

⑤ 不能正常进行试验:检查调压阀,最好将压力控制在500~504 kPa。

(2)日常维护保养有下列5项要求:

① 必须坚持每日工作完成后给电源充电,充电时将电瓶开关处于打开状态。

② 电源发生过放报警时应停止电源的使用,严禁在过放状态下不充电放置和长期不充电放置,以免造成电瓶损坏。

③ 1~6位手动开关同时处于打开状态最多不应超过

两个。

④ 使用前进行检查,确保电瓶电量充足,系统无漏泄,在使用过程中,数据输入要准确,动作要轻,避免强烈冲击、碰撞,随时观察过滤器,要随满随清。

⑤ 完工后,依次关闭电磁阀按钮、打印电源、控制盒总电源,并擦拭设备。

3 制动梁检修岗位

1. 何谓基础制动装置?

答:基础制动装置是制动装置中用于传递、扩大制动力的一整套杆件连接装置。它的作用是把制动缸活塞上的推力增大若干倍以后平均地传给各个闸瓦,使之压紧车轮而产生制动作用。

2. 基础制动装置如何分类?

答:(1)按闸瓦的配置,基础制动装置可分为“单侧制动”和“双侧制动”两种,只在车轮一侧配置闸瓦的,称为单侧制动,一般使用于货车上;在车轮相对两侧都配置闸瓦的,称为双侧制动,一般使用于客车上。

(2)按传动机构的配置,基础制动装置分为“散开式”和“单元式”两种。全车只有一个制动缸,在制动缸和各闸瓦之间有很多杠杆和拉杆联结到一起,散开布置在整个车架下面的,称为“散开式”;“单元式”的特点是制动缸数量较多,各个制动缸分别设置在各个轮对的附近,制动缸和闸瓦之间杠杆很少,甚至没有杠杆,从制动缸到闸瓦组成一个个非常紧凑的制动单元。

3. 货车基础制动装置由哪些零部件组成?

答:货车基础制动装置一般由制动缸活塞推杆、制动杠杆、连接杠杆、中拉杆、上拉杆、移动杠杆、固定杠杆、固定杠杆支点、制动梁、闸瓦、闸瓦间隙自动调整器及手制动拉杆等组成。另外控制杠杆、控制杆、附加杠杆、附加拉杆、闸瓦托吊等零部件,也属于基础制动装置零部件范畴。

4. 基础制动装置的摩擦及转动部分为何须涂润滑脂?

答:基础制动装置的摩擦及转动部分涂润滑脂的目的,是为了减小摩擦阻力,使基础制动装置作用灵活,提高制动效率,同时可防止锈蚀,延长零部件的使用寿命。

5. 何谓低摩、高摩合成闸瓦?

答:合成闸瓦是由树脂、金属粉末(铸铁粉、铜粉、铝粉或铅锌等氧化物)、减摩剂及稳定剂等材料在热压下塑合而成。按摩擦系数的大小,合成闸瓦分为低摩和高摩两种。低摩合成闸瓦的摩擦系数与铸铁闸瓦非常接近,可与之通用,而无须改变基础制动装置的结构。高摩合成闸瓦的摩擦系数约比铸铁闸瓦高1倍。采用高摩合成闸瓦时,可用较小的闸瓦压力获得同样的制动力,因此可选用尺寸较小的制动缸,并缩小简化基础制动装置各零部件的尺寸。为防止误装,高摩合成闸瓦及其闸瓦托的连接部位结构尺寸与铸铁闸瓦不同。

6. 合成闸瓦有何特点?

答:合成闸瓦有下列4个特点:

(1)可以按需要用改变或调整配方和工艺等方法获得合乎制动要求的摩擦系数。如低摩合成闸瓦可做到其摩擦系数随速度变化比较平稳,从而克服铸铁闸瓦低速时因摩擦系数提高过大易出现滑行的缺点。

(2)闸瓦本身的重量轻,约为铸铁闸瓦的1/3。

(3)耐磨性好,使用寿命约为铸铁闸瓦的5~6倍。

(4)制动时无火花或基本无火花,可防止因制动而引起火灾事故。

7. 基础制动装置有哪些零部件必须进行湿法磁粉探伤检查?

答:基础制动装置中下列3种零部件进行湿法磁粉探伤

检查:制动梁滚子轴的外露部位,新换装的滚子轴,L－A、L－B、L－C型制动梁端头,转K3型制动梁端头及连接焊缝、制动梁吊。

8. 目前我国铁路货车制动梁主要有几种?

答:主要有6种:槽钢弓形杆制动梁,槽钢弓形杆防脱制动梁,L－A型、L－B型、L－C型制动梁,转K3型制动梁和2TN型制动梁。

9. L－A、L－B型制动梁有何结构特点?

答:L－A、L－B型制动梁是为提高制动梁的疲劳强度和使用可靠性,借鉴美国AAR技术标准开发的新型制动梁;它与槽钢制动梁可以完全互换,可用于转K1、转K2、转K4、转K5、转K6、控制型等大多数型号的转向架。

它采用了全新的结构型式,主要特点有下列7项:

(1)采用了模块化的组合式结构,整个制动梁由几个主要部件组装在一起构成。

(2)制动梁架是特殊形状截面的异型钢材经切分、拉制而形成的弓形梁。

(3)支柱与夹扣是成对使用的部件,支柱前端的U形接口支撑在制动梁架的前杆部位,支柱后端和夹扣均有U形接口,两者共同夹持在制动梁架的后杆部位。

(4)两闸瓦托装在制动梁架两端,闸瓦托后部带有与制动梁架截面形状相适应的止孔,制动梁架采用压力装配方式装入闸瓦托的止孔内。

(5)制动梁为滑块式结构,滑块在闸瓦托上铸出。

(6)采用非金属滑块磨耗板。

(7)制动梁为无焊缝结构,疲劳试验次数达270万次。

10. L－A、L－B型组合式制动梁有何主要区别?

答:采用锻造制动梁架的是L－A型组合式制动梁,采用轧制制动梁架的是 L－B 型组合式制动梁。

11. L－C 型制动梁有何主要结构特点?

答:L－C 型制动梁是在吸取法国阿贝尔公司制动梁锻造端头和热压装工艺优点的基础上研制而成的,适用于转 K2、转 K4 型等三大件式转向架(滑槽式)。其主要结构特点有下列 6 项:

(1)由转 8A 型的滚子轴式改为扁头的滑块式。滑块与制动梁端头连成一体,用优质钢整体锻造,消除了原制动梁滚子轴焊缝裂损、折断的缺陷,并可防止闸瓦低头磨轮。

(2)支柱卡装在制动梁架中央,由定位螺栓在撑杆中央处定位。材质由 25 号铸钢改为优质钢锻造,消除了铸造缺陷,提高了强度等级,其结构经优化后,抗扭能力提高,可有效消除现有制动梁支柱槽口裂纹。

(3)弓形杆为轧制的优质圆钢,撑杆为轧制无缝钢管。弓形杆与制动梁端头、撑杆与制动梁端头采用了过盈热套新结构,使弓形杆与端头、撑杆与端头紧密连接而不产生应力集中。

(4)闸瓦托与端头采用折头螺栓和防松螺母连接。端头伸出闸瓦托的扁方头,即为制动梁的滑块,其上套有含油尼龙的滑块磨耗套,伸入侧架的滑槽内。

(5)滑块与制动梁端头锻成一体,取代了旧型制动梁在闸瓦托圆弧槽中加焊滚子轴的结构,从源头上解决制动梁脱落问题。

(6)取消了受力焊缝连接结构,制动梁强度、刚度和疲劳强度增大。

12. 简述制动梁段修主要工序。

答:制动梁检修的主要工序包括:制动梁检查、自动检测、扭曲调修、滚子轴挡圈切除、湿法磁粉探伤、滚子轴定位焊修、磨耗套更换、闸瓦托焊修及更换、闸瓦托铣修、制动梁焊修、支柱更换和支柱衬套更换、焊装滚子轴挡圈、制动梁拉力或挠度载荷试验、检修标记涂打。

13. 制动梁探伤要求有哪些？

答：以下部位须进行湿法磁粉探伤：

（1）L－A 型、L－B 型组合式制动梁闸瓦托滑块根部和 L－C 型制动梁端头须探伤，裂纹深度不大于 1 mm、长度不大于30 mm时，磨修并圆滑过渡；裂纹超限时，L－A 型、L－B 型制动梁更换闸瓦托，L－C 型组合式制动梁更换梁架。

（2）槽钢制动梁滚子轴外露部位须探伤。焊缝开裂时焊修，弯曲或裂纹时更换新品，新品材质为 30 号、35 号或 Q275 钢。滚子轴组焊前须探伤无裂纹，组焊后滚子轴根部及焊缝须探伤无裂纹。

（3）转 K3 型制动梁端头、连接焊缝及制动梁吊须探伤。端头裂纹时更换，与撑杆两端的焊缝开裂时清除原焊缝、重焊磨修；制动梁吊横裂纹时更换、纵裂纹时焊修或更换。

14. 制动梁除锈要求有哪些？

答：须探伤的部位除锈后表面清洁度须达到 GB/T 8923 规定的 Sa2 级，局部不低于 Sa1 级。

15. 制动梁主要检查哪些项目？

答：测量制动梁全长、两闸瓦托中心距离、两闸瓦托中心至支柱中心距离差、支柱孔中心至闸瓦托弧面中心距、闸瓦托对角扭曲及闸瓦托倾斜度。

16. 槽钢弓形杆制动梁检查作业顺序是什么？

答：（1）测量制动梁全长、两闸瓦托中心距离、两闸瓦托中心至支柱中心距离差及闸瓦托对角扭曲，前三项有一项超限即报废。

（2）按如下步骤进行检查：制动梁滚子轴→闸瓦托→（防

脱翼板)→加强筋→安全链及螺栓→弓形杆→支柱顶部→支柱槽口及上下面→梁体→(安全吊)→支柱底部→弓形杆→梁体→安全链及螺栓→加强筋→闸瓦托→(防脱翼板)→制动梁滚子轴。

17. 制动梁全长超限时如何处理?

答:(1)组合式制动梁全长超限时修理恢复原型或更换。超上限时,L-A型、L-B型制动梁对称磨修闸瓦托滑块端面,L-C型制动梁对称磨修制动梁端头端面;超下限时,L-A型、L-B型制动梁堆焊闸瓦托滑块端面后对称磨修并圆滑过渡,或更换闸瓦托;L-C型制动梁堆焊制动梁端头端面后对称磨平。

(2)转K3型制动梁全长超上限时,对称磨修制动梁端头端面;超下限且影响装配时更换梁架。

18. 制动梁两闸瓦托中心距超限时如何处理?

答:组合式制动梁两闸瓦托中心距离超限时,更换梁架或调整闸瓦托位置。

19. 制动梁两闸瓦托中心至支柱中心距离差(L差)超限时如何处理?

答:L差超限时,组合式制动梁可调整支柱位置、更换闸瓦托或更换制动梁架,转K3型制动梁调整闸瓦托位置或更换制动梁架,恢复原型。

20. 制动梁支柱孔中心至闸瓦托弧面中心距超限时如何处理?

答:组合式制动梁支柱孔中心至闸瓦托弧面中心距因闸瓦托磨耗造成超限时,可修复闸瓦托。无法恢复时,更换闸瓦托或支柱。

21. 制动梁两闸瓦托扭曲或闸瓦托倾斜度超限时如何处理?

答：两闸瓦托扭曲或闸瓦托倾斜度超限时调修恢复原型或更换。

22. 制动梁架检修须符合哪些要求？

答：(1)制动梁架与安全链吊座连接处裂纹或制动梁架与下拉杆安全吊座连接处裂纹时更换。

(2)L－A型、L－B型组合式制动梁梁架 $R6 \sim R8$ mm圆弧处裂纹时，须周向磨除并圆滑过渡，磨修深度大于0.5 mm裂纹仍无法消除时，梁架报废；梁架横向裂纹时报废，纵向裂纹深度不大于1 mm时，可纵向磨除并圆滑过渡，磨修长度不小于50 mm。

(3)L－C型组合式制动梁梁架各部位有横裂纹时报废。弓形杆裂纹时，梁架报废。撑杆端部露出端头30 mm范围内裂纹时，梁架报废；其他部位纵裂纹时可纵向打磨并圆滑过渡，打磨深度不得超过1 mm，超过时梁架报废。

(4)槽钢制动梁横梁、弓形梁横裂纹报废，纵裂纹小于100 mm时焊修后磨平，超限时报废；腐蚀深度超限时报废。

(5)转K3型制动梁撑杆、弓形杆横裂纹时更换制动梁架；撑杆纵裂纹时清除裂纹后焊修后磨平。

(6)组合式制动梁梁架不得焊修。

23. 支柱和夹扣须符合哪些要求？

答：(1)L－A型、L－B型制动梁支柱和夹扣的U形槽内裂纹时更换。L－C型制动梁支柱裂纹时更换。

(2)L－A型、L－B型制动梁支柱其他部位裂纹长度大于30 mm或裂至支柱孔边缘时更换，未超限时开坡口焊修后打磨，焊波须高于施焊表面2 mm。

(3)支柱与杠杆配合长槽宽度磨耗大于3 mm时焊修后磨平或更换。

(4)槽钢制动梁支柱裂纹时报废。

24. 闸瓦托检修须符合哪些要求?

答:(1)闸瓦托裂纹时更换,磨耗超限时焊修或更换,见图3－1。

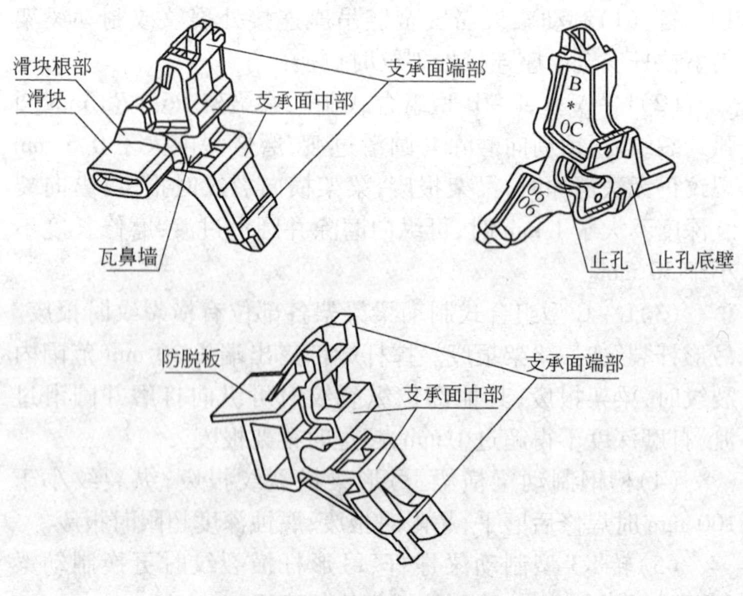

图3－1　闸瓦托各部名称

① 高磷闸瓦托支承面端部、中部厚度小于6 mm,其他部位磨耗深度大于2 mm时焊修。支承面端部厚度均小于6 mm时更换。

② 高摩合成闸瓦托支承面端部厚度小于8 mm或中部厚度小于6 mm,其余部位磨耗深度大于2 mm时焊修;支承面端部厚度均小于6 mm时更换。

③ 支承面堆焊后机械加工。加工后,支承面端部厚度不小于8 mm,与量具R451弧面相互贴靠,支承面中部与量具须四点接触,局部间隙符合要求,端部间隙须不大于2 mm。

④ L－A、L－B型制动梁闸瓦托滑块上下面磨耗超过

1 mm时更换,不得焊修。

(2)转 K3 型制动梁闸瓦托耐磨衬套须更换为含油尼龙新品。

25. 制动梁安全装置检修须符合哪些要求?

答:(1)制动梁安全链吊座腐蚀超限或链孔上边缘宽度小于 8 mm 时更换。

① 槽钢制动梁割除安全链吊座后磨平,焊装新品。

② 组合式制动梁装用的焊接结构安全链吊座磨耗、腐蚀超限时,改装卡子结构的制动梁安全链。若 L－A 型、L－B 型制动梁梁架上有交叉杆安全链吊座影响组装时,须用冷加工方式去除影响部分,不得伤及梁架母材。组装后两安全链卡子距离为(1 000 ±5)mm。

③ 同一制动梁安全链结构一致。

④ 组合式制动梁须去除与交叉杆安全链相连接的链环。

(2)组合式制动梁的安全链卡子状态良好时可不分解,裂纹或局部磨耗大于 2 mm 时更换。安全链卡子组装螺栓须点焊固。

(3)安全链环裂纹或直径磨耗大于 3 mm 时更换。螺栓磨耗深度大于 2 mm 或螺纹滑扣、破损时更换。

26. 制动梁滚子轴检修须符合哪些要求?

答:(1)防脱制动梁滚子轴直径为 ϕ40 mm、长度 155^{+2}_{0} mm,非防脱制动梁滚子轴直径为 ϕ36 mm、长度 160^{+3}_{-5} mm。

(2)在距滚子轴端面 25 mm 处测量,直径磨耗大于 3 mm 时更换。

(3)滚子轴组装须采用专用卡具定位,滚子轴内侧端面须缩入闸瓦托内 5 mm,并将滚子轴紧靠闸瓦托一侧(制动梁装车时的上方),间隙大于 1 mm 时须用金属塞严,点焊定位后焊固。

27. 制动梁在什么情况下须进行拉力试验?其标准有何规定?

答:(1)组合式制动梁分解组装后(不含更换闸瓦托)须进行挠度载荷试验,预加载 69 kN,保持 2 min,连续 3 次后,再加载至 103.5 kN,挠度须不大于 2.5 mm。超限时更换支柱。

(2)槽钢制动梁调修后须进行 88.26 kN 的拉力试验,保持 1 min,产生裂纹或永久变形时报废。

28. 制动梁检修标记如何涂打?

答:(1)表面经除锈处理的制动梁须涂漆。闸瓦托及槽钢制动梁支柱涂清漆,其余各件表面均涂防锈底漆和黑色面漆各一遍,可用底面合一油漆代替。衬套、滑块磨耗套、制造标记牌、支柱衬套内部不涂漆。

(2)制动梁检修后,在横梁或撑杆上距支柱中心 200 mm 处,用白色油漆涂打检修单位简称和检修年月标记。字号为 20 号。

29. 如何选配和组装闸瓦?

答:(1)同一辆车闸瓦型式须一致,不得混装。高摩合成闸瓦与高磷闸瓦、低摩合成闸瓦不得混装。

(2)转 8AB、转 8B 型转向架须装用符合图样要求的 L-B 型组合式制动梁及高摩擦系数合成闸瓦。

(3)须装用部定点厂生产的闸瓦,无制造厂代号的闸瓦不允许使用,闸瓦应使用合格品。各型车辆装用闸瓦须符合下列要求:

① 70 t 级货车以及车型辅助标记后缀 K、H 的时速 120 km/h的提速货车装用 HGM-A、HGM-B、HGM-C 型新

型高摩擦系数合成闸瓦(原设计装用低摩擦系数合成闸瓦或407G 型高摩擦系数合成闸瓦除外)。

② 装用254 mm×254 mm 制动缸的非提速货车、X_{1K}或车型辅助标记后缀 E(装用转 8AG、转 8G 型转向架)的通用货车装用407G 型高摩擦系数合成闸瓦。

③ 装用356 mm×254 mm 制动缸的非提速货车装用4－2W 型低摩擦系数合成闸瓦。

④ 闸瓦剩余厚度:高磷闸瓦不小于 30 mm,高摩、低摩合成闸瓦不小于 18 mm。超限或裂纹时更换,高磷闸瓦、高摩、低摩合成闸瓦允许有非贯通毛细裂纹。

进入大秦线的车辆闸瓦厚度为不小于 25 mm。

⑤ 同一制动梁两闸瓦厚度差:高磷闸瓦不大于 5 mm,高摩、低摩合成闸瓦不大于 10 mm。

(4)将闸瓦组装于闸瓦托上,高摩和低摩合成闸瓦与闸瓦托组装后,闸瓦和闸瓦托中部间隙不大于 2 mm,端部间隙不大于 6 mm。

(5)组装闸瓦插销(敞车的闸瓦插销上须安装闸瓦插销环)。

4 钩缓岗位

1. 对货车的哪些零部件应实行寿命管理？

答：除特种车的专用零部件外，对货车的下列主要零部件应实行寿命管理：摇枕、侧架、车轴、钩体、钩尾框、钩舌、无轴箱滚动轴承、MT－2、MT－3、ST型缓冲器、交叉杆轴向橡胶垫、弹性旁承橡胶体、JC型旁承磨耗板、心盘磨耗盘、轴箱橡胶垫、弹簧托板（转K5型）、摇动座（转K5型）等。

2. 对实行寿命管理的零部件，有哪些基本规定？

答：(1)无制造单位、时间标记时报废。

(2)寿命期限以制造时间为准，时间统计精确到月。

(3)剩余寿命小于1个段修期者，经检查确认质量状态良好，可继续装车使用，并由装车单位负1个段修期的质量保证责任。

3. 货车钩体、钩尾框寿命管理除基本规定外，有哪些规定？

答：(1)钩体有下列情况之一时报废：

① C级钢、E级钢钩体使用时间满25年；或使用时间满20年而未满25年，但钩身、冲击台或牵引台横裂纹。

② 普碳钢钩体使用时间满20年；或使用时间满15年而未满20年，但钩身、冲击台或牵引台横裂纹。

(2)钩尾框有下列情况之一时报废：

① C级钢、E级钢钩尾框使用时间满25年；或使用时间满20年而未满25年，但横裂纹或纵裂纹长度大于30 mm。

② 普碳钢钩尾框使用时间满20年；或使用时间满15年

而未满20年,但钩尾框裂纹。

③ 分解材质为ZG 230—450的13号、13A型钩尾框,裂纹或磨耗超限。

(3)13号、13A型钩体更换时,须更换为13B型钩体。13号、13A型钩尾框更换时,须更换为13B型钩尾框。铸造16、17号钩尾框更换时,须更换为锻造钩尾框。

4. 货车钩舌寿命管理除基本规定外,有哪些规定?

答:(1)钩舌使用时间满20年报废。

(2)铸造标识为SP的钩舌报废。

(3)C、E级钢13A和C级钢13号车钩更换新品钩舌时,应分别装用与钩体材质相同的C、E级钢的13B型钩舌。

5. MT-2、MT-3、ST型缓冲器寿命管理除基本规定外,有哪些规定?

答:(1)MT-2、MT-3型缓冲器制造质量保证期、大修后质量保证期均为6年;ST型缓冲器制造质量保证期为6年。

(2)MT-2、MT-3、ST型缓冲器使用时间满18年(以箱体标记为准)报废。

(3)MT-2、MT-3型缓冲器使用时间超过9年时,送厂大修。

(4)ST缓冲器使用时间超过6年时,分解检修。

6. 13号、13A、13B型车钩由哪些零部件组成?

答:13号、13A、13B型车钩根据解钩装置不同可分为13号、13A、13B型上作用式车钩和13号、13A、13B型下作用式车钩。

13号、13A、13B型上作用车钩主要由下列8种零部件组成:钩体、钩舌、钩锁、钩舌推铁、上锁销、上锁销杆、钩舌销和衬套。改造后的13号、13A型上作用车钩增加了上锁提。

13 号、13A、13B 型下作用车钩主要由下列 9 种零部件组成：钩体、钩舌、钩锁、钩舌推铁、下锁销、下锁销体、下锁销钩、钩舌销和衬套。

7. 16、17 号车钩缓冲装置主要由哪些零部件组成？

答：(1)16 号车钩缓冲装置主要由下列 7 种零部件组成：16 号车钩组成、16 号钩尾框、转动套、16 号从板、16 号钩尾销、钩尾销托组成、MT－2 型缓冲器等。

(2)17 号车钩缓冲装置主要有下列 5 种零部件组成：17 号车钩组成、17 号钩尾框、17 号从板、17 号钩尾销、MT－2 型缓冲器等。

8. 车钩缓冲装置段修时有哪些零部件要求抛丸除锈？

答：车钩缓冲装置段修时，钩尾框、钩舌、钩腔内部配件（钩锁、钩舌推铁、上锁销组成、下锁销组成）、钩舌销、钩尾销、转动套须抛丸除锈。

9. 说明段修中需要湿法磁粉探伤的车钩零部件及部位。

答：钩舌、钩尾框、钩舌销、钩尾销、16 号车钩转动套、钩尾销螺栓（含新品）、ST 缓冲器螺栓（含新品）须进行湿法磁粉探伤检查。需探伤的配件经过焊接、热处理、调修或机械加工后须进行复探。具体探伤部位如下：

(1)钩舌内侧面及上下弯角处。

(2)钩尾框探伤部位：钩尾框后堵上、下弯角 50 mm 范围内；框身内侧面及圆弧部分。

(3)钩舌销探伤部位：整个圆柱面，重点检查与钩耳孔结合部、磨耗部、根部弯角。

(4)钩尾销探伤部位：13 号钩尾销两端部、头部除外的平面及圆弧面，重点检查磨耗部位及头部弯角；17 号钩尾销圆柱面，重点检查磨耗部位。

(5)16 号车钩转动套前端面。

(6)钩尾销螺栓(含新品)、ST 缓冲器组装螺栓探伤部位:螺栓圆柱面,重点检查磨耗部位及圆柱面根部。

10. 简述钩舌段修主要工序。

答:钩舌段修主要工序如下:抛丸除锈→湿法磁粉探伤→检测→焊修→埋弧焊堆焊→热处理→牵引面仿形加工→磨修→销孔加工及镶套→复探→涂漆→涂打标记→存放。

11. 钩舌主要检查哪些项目?

答:主要检查普碳钢钩舌裂纹,C 级钢、E 级钢钩舌弯角处、内侧面、牵引台根部圆弧裂纹,护销突缘部分缺损、裂纹;钩舌外胀;钩舌内侧面、正面、钩舌锁面、钩锁承台、钩舌销孔、衬套内径磨耗;衬套松动、裂纹、缺损等项目。

12. 钩舌主要故障是什么? 多发生在哪些部位?

答:钩舌的主要故障有裂纹、磨耗和变形 3 种。

(1)裂纹多发生在钩舌内侧面的上、下弯角处,钩舌销孔,牵引台根部,冲击台根部,护销突缘。

(2)磨耗多发生在钩舌内侧面、锁面、钩锁承台、钩舌销孔、钩舌尾部止动端面。

(3)变形多发生在钩舌鼻部。

13. 钩舌检测后对裂纹缺陷如何判定?

答:(1)普碳钢钩舌裂纹时更换。

(2)C 级钢、E 级钢钩舌弯角处裂纹时更换,内侧面裂纹时焊修。牵引台根部圆弧裂纹长度不大于 30 mm 时焊修,大于时更换。钩舌护销突缘部分缺损时更换,裂纹向销孔内延伸(突缘高度除外)不大于 10 mm 时焊修,大于 10 mm 时更换。

(3)13 号、13A、13B 型钩舌衬套松动、裂纹、缺损时换衬套。

14. 如何检修钩舌的磨耗部位?

答:(1)用钩舌厚度样板检查钩舌内侧面和正面磨耗剩余厚度,超限(13 号不足 68 mm、13A 型、13B 型不足 69 mm)时堆焊,并采用具有仿形功能的设备加工,恢复原型。16 型钩舌内侧面和正面厚度磨耗超过 5 mm 时更换。

(2)用样板检查钩舌锁面,超限时堆焊后磨平。

(3)用样板检查钩锁坐入量的尺寸,小于 45 mm 时修理恢复原型。

(4)用样板由护销突缘顶部深入孔内 20 mm,测量钩舌销孔或衬套内径磨耗。

13 号、13A、13B 型钩舌销孔或衬套内径原型 $\phi42$ mm,磨耗大于 3 mm 时换套或扩孔镶套;钩舌销孔直径大于 $\phi54$ mm 时堆焊后加工或更换。

16 号钩舌销孔内径原型 $\phi42^{+0.5}_{0}$ mm,磨耗大于 2 mm 时堆焊后加工。

扩孔时可使用镗床或铣床,将钩舌销孔中心与铣刀或镗刀中心对正后加工,测量销孔尺寸,并按优先选用小孔原则确定加工尺寸,加工后的孔径基本尺寸应分别为 51 mm、51. 5 mm、52 mm、52. 5 mm、53 mm、53. 5 mm、54 mm,可使用镶套机,将钩舌销孔中心与镶套机对正后镶套。

15. 钩舌外胀的危害及检修有何要求?

答:钩舌外胀易引起车辆通过曲线时车钩分离,为防止事故发生,在《铁路货车段修规程》(简称《段规》)中规定,钩舌外胀大于 6 mm 时更换。

16. 钩锁坐入量小于 45 mm 的危害及检修有何要求?

答:钩锁承台是满足钩锁充分落下的部位,是保证车钩防跳性能的关键部位之一。如钩锁坐入量不够,在运行中由于车辆的振动,钩锁上窜高于钩舌尾部时,车钩就随时有分离的危险。因此在《段规》中对钩锁承台的检修做了严格的规定,钩锁承台磨耗超限时堆焊磨修恢复原型，钩锁坐入量小于45 mm时，修理恢复原型，该部位不得在现车堆焊。

17. 钩体可分为几部分？各部分名称及作用是什么？

答：钩体可分为钩头、钩身、钩尾3大部分，各部分名称及作用分别如下：

(1)钩头：起车钩连挂作用。主要分为钩腕、钩肩、钩腔、钩耳、上(或下)锁销孔等5个部位。

(2)钩身：在钩头和钩尾之间，主要用以传递、承受列车水平牵引力和冲击力。

(3)钩尾：位于钩体尾部，其上带有钩尾销孔，通过钩尾销起到与钩尾框连接的作用。

18. 13号、13A、13B型钩体由哪些零部件组成？

答：13号、13A、13B型钩体主要由钩头、钩身和钩尾3部分组成。钩头部分由钩腕、钩腔、上下钩耳、钩耳孔、上锁销孔、下锁销孔、护销突缘、下锁销钩转轴、钩肩组成。其中钩腔由导向挡、全开作用台、上防跳台、钩锁导向壁、钩锁后部定位挡、钩舌推铁挡块、钩舌推铁轴孔、下防跳台组成。

19. 简述钩体段修主要工序。

答：钩体段修主要工序如下：检测→上锁销孔堆焊、磨修→防跳台堆焊、磨修→钩尾销孔堆焊→热处理→磨耗板焊装→钩耳孔加工及镶套→钩尾销孔加工→涂打标记→存放。

20. 钩体有何检查项目？

答：主要有13号、13A、13B型钩体的钩耳及内侧弧面、钩颈、钩身、钩尾、牵引台、冲击台根部裂纹检查，16、17号钩体的钩头正面、钩尾销孔、钩尾端面到钩尾销孔上、下平面及尾端球面裂纹检查，此外还须检查钩身弯曲，钩尾端面磨耗，钩尾端部到钩尾销孔后壁的距离，钩身长度，钩耳孔或衬套孔磨耗，衬套松动、缺损，衬套与孔壁间隙，衬套长径方向与钩体纵向中心线偏差,13 号、13A、13B 型钩腕端部外胀变形,13 号、13A、13B 型上锁销孔磨耗,钩腔上防跳台磨耗,16、17 号钩尾端部圆弧面磨耗深度、钩尾端高度、钩尾销孔磨耗,16、17 号钩耳孔磨耗,16、17 号车钩连锁套头及套口磨耗,钩身磨耗板等项目。

21. 钩体外观检查内容有哪些?

答:(1)对钩体须全面进行外观检查,对鉴别有疑问的裂纹可用放大镜、局部加温(室温不低于 5 ℃)、电磁探伤等方法确认。

(2)钩颈、钩身横裂纹在同一断面长度之和不大于50 mm时焊修,大于 50 mm 时更换。

(3)16、17 号钩尾销孔周围 25 mm 范围内裂纹时焊修;超过范围的裂纹深度不大于 3 mm 时可铲磨消除,大于 3 mm 时更换。

(4)钩耳裂纹长度不大于 15 mm 时焊修,大于时更换。钩耳内侧弧面上、下弯角处裂纹长度之和不大于 25 mm 时焊修,大于 25 mm 时更换。牵引台、冲击台根部裂纹长度不大于 20 mm 或裂纹未延及钩耳体时焊修,超限时更换。

(5)13 号、13A、13B 型钩耳孔衬套松动、裂纹、缺损时更换衬套。

(6)钩颈磨耗时,堆焊后磨平。

22. 如何检修钩体的磨耗部位?

答:钩体磨耗检修应符合如下 8 项要求:

(1)用样板测量钩耳孔的壁厚,超限时报废。

(2)用样板检查钩尾端部与钩尾销孔边缘的距离及上、下距离之差,超限时焊修。

(3)用样板深入钩尾销孔内 10 mm 处进行检查,磨耗超限时堆焊加工。

(4)用样板深入上锁销孔内检查,超限时焊修后磨平恢复原型。

(5)用样板检查钩腔防跳台,超限时焊修后磨平恢复原型。

(6)用样板检查钩腔前导向角,超限时焊修后磨平恢复原型。

(7)原钩身下平面焊装磨耗板者,磨耗板磨耗超限时换装磨耗板;钩身下平面磨耗时,堆焊磨平后焊装磨耗板。

(8)用样板深入13号、13A、13B型钩耳孔内10 mm处进行检查,磨耗超限及衬套松动、裂纹、缺损时必须退套或扩孔镶套。扩孔时可采用镗床或铣床进行加工,钩耳孔中心与铣刀或镗刀中心对正后加工,测量销孔尺寸,并按优先选用小孔原则确定加工尺寸,加工后的孔径基本尺寸应为51 mm、51.5 mm、52 mm、52.5 mm、53 mm、53.5 mm、54 mm,上下钩耳孔必须同心。镶套时,衬套外径基本尺寸应为51 mm、51.5 mm、52 mm、52.5 mm、53 mm、53.5 mm、54 mm,可采用镶套机镶套,钩耳孔中心与镶套机对正。

23. 钩体牵引台、冲击台的检修有何要求?

答:钩体的牵引台、冲击台在列车运行中分别承受着冲击力和牵引力,因此在检修中发现的故障多为裂纹。根据《段规》的要求,牵引台、冲击台根部裂纹长度不大于20 mm或裂纹未延至钩耳体时焊修,超限时更换。

24. 简述钩体防跳台、前导向角的检修要求及原因。

答:钩体防跳台的状态是影响车钩防跳性能的重要因素,钩体上下防跳台磨耗后,就会影响和削减车钩的防跳功能,在运用中可能发生车钩分离事故。为了保证车钩的防跳性能,新《段规》对钩体上下防跳台的修复做了严格的要求,根据《段规》的要求,13号、13A型车钩钩腔上、下防跳台磨耗大于

2 mm 时须堆焊后磨修或更换，下防跳台的长度方向为 16 mm；16、17 号借助外力测量下锁销与钩舌落钩台搭接量为 6.5 ~ 14.5 mm。

钩体前导向角磨耗后容易引起车钩钩锁前倾，导致车钩开锁作用性能不良，因此，前导向角须恢复 6 mm 凸台原型。

25. 简述钩腕外胀的危害及检修要求。

答：钩体钩腕外胀时，车辆通过曲线容易引起车钩的分离事故。为了防止车钩分离事故的发生，对 13 号、13A、13B 型钩体钩腕端部外胀做了规定：钩腕端部外胀变形影响闭锁位置时调修、堆焊或焊装厚度为 5 ~ 15 mm、高度为 60 ~ 70 mm 的梯形钢板，钢板须有两个 ϕ20 mm 的塞焊孔，焊后磨修平整，外胀变形大于 15 mm 时更换。16 号、17 号钩腕外胀变形影响全开位置时更换。

26. 钩耳部分的检修有何要求？

答：车钩的钩耳部分在运用中出现的主要故障为裂纹与钩耳孔衬套的磨耗，钩耳孔裂纹超限后容易发生车钩断裂事故，衬套磨耗超限后，可造成钩舌销受力或受力增加，最终导致钩舌销弯曲或断裂。检修要求如下：

(1)钩耳裂纹长度不大于 15 mm 时焊修，大于 15 mm 时更换。

(2)钩耳内侧弧面上、下弯角处裂纹长度之和不大于 25 mm时焊修，大于 25 mm 时更换。

(3)13 号、13A、13B 型钩耳孔或衬套孔直径磨耗大于 3 mm时扩孔镶套或换套；原有衬套松动、裂纹、缺损时更换；钩耳孔直径大于 ϕ54 mm 时堆焊后加工或更换；钩耳孔壁厚小于 22 mm 时更换。16、17 号钩耳孔直径磨耗大于 3 mm 时堆焊后加工。

27. 如何区分上、下钩耳套？

答:上钩耳套长度为55 mm,下钩耳套长度为50 mm。

28. 钩身部分的检修有何要求?

答:车钩的钩身部分起着连接钩头与钩尾的作用,在运用中钩身部分出现的主要故障为裂纹与磨耗。检修要求如下:

(1)钩颈、钩身横裂纹在同一断面长度之和不大于50 mm时焊修,大于50 mm时更换。

(2)钩身弯曲大于10 mm时,加热调修后探伤或更换。

(3)钩身下平面须焊装磨耗板,钩身磨耗时堆焊磨平后焊装磨耗板。磨耗板磨耗超限时更换,丢失时补装。

29. 钩尾部分的检修有何要求?

答:钩体的钩尾部分在检修中发现的故障多为钩尾销孔附近的裂纹与尾部端面的磨耗。裂纹超限后容易发生车钩的断裂事故,钩尾端部的磨耗可造成车钩缓冲装置的纵向自由间隙增加,从而引起列车的纵向冲动增大。检修要求如下:

(1)13号、13A、13B型钩体钩尾销孔后壁与钩尾端面间裂纹长度不大于该处厚度的50%时焊修,大于该处厚度的50%时更换。

(2)13号、13A、13B型钩尾端部与钩尾销孔边缘的距离,上、下面之差大于2 mm或钩尾销孔长径磨耗大于3 mm时堆焊后加工。焊修后与钩尾端面距离小于40 mm时,在钩尾端面堆焊或焊装磨耗板、并四周满焊后磨平。

(3)16、17号钩体钩尾销孔周围25 mm范围内裂纹时焊修;超过范围的裂纹深度不大于3 mm时可铲磨清除,磨修后与周围表面平滑过渡,大于3 mm时更换。钩尾端高度、钩尾销孔磨耗超限时堆焊后磨平。钩尾端部到钩尾销孔后壁的距离小于83 mm时堆焊后磨平,小于77 mm时更换。钩身长度小于567 mm时堆焊后磨平,小于561 mm时更换。

30. 钩腔内部配件、钩舌销及钩尾销段修主要工序有哪

些?

答:(1)钩腔内部配件段修主要工序如下:抛丸除锈→检测→焊修、磨修或调修→存放。

(2)钩舌销及钩尾销段修主要工序如下:湿法磁粉探伤→检测→调修→复探→钩尾销堆焊及加工→存放。

31. 钩腔内部配件的检修有何要求?

答:钩腔内部配件是保证车钩具有三态作用和防跳功能的配件,段修时有下列6项要求:

(1)钩腔内部配件裂纹时更换。

(2)销轴磨耗大于2 mm时更换。

(3)上锁销杆挂钩上部圆弧、锁铁挂钩轴不得焊修,磨耗大于1 mm或不能满足防跳性能要求时更换;上锁销杆防跳台须堆焊加工恢复24 mm×(18±1) mm、R30 mm的弧面,导入端须高于平面尾部2 mm,导入端圆弧不大于R5 mm。

(4)钩锁铁腿及钩锁上部左、右导向面磨耗大于2 mm时焊修,焊后磨修恢复原型。

(5)其他配件须恢复原型,不能恢复原型者更换。

(6)更换新品时,钩锁铁材质为E级钢,其他配件材质为B级钢,须精密铸造。

32. 16号车钩转动套有何作用?段修时有何要求?

答:16号车钩转动套不仅须承受冲击力、牵引力的作用,而且是车钩转动的重要部件。在运用中出现的主要故障为前端面和销孔处裂纹,前端面和外径磨耗等。检修要求如下:

(1)前端面或销孔周围25 mm范围内裂纹时更换,其他部位裂纹时焊修。

(2)剩余长度小于178 mm时,在前端堆焊后加工恢复原型,小于173 mm时更换。

(3)外径小于ϕ260 mm时,堆焊后加工恢复原型,小于

ϕ254 mm 更换。

(4)前端到上、下销孔前部边缘距离小于 39 mm 时，在前端堆焊后加工；小于 34 mm 时更换。

(5) 转动套焊修后按规定进行热处理。

33. 车钩检修后组装有何要求？

答：(1)车钩组装时，钩舌、钩体和钩腔内零部件材质须匹配。普碳钢钩舌只允许与普碳钢钩体配套使用。

(2)车钩组装后，三态作用须良好，开闭灵活，防跳性能符合要求。

(3)钩舌与上钩耳的间隙：13 号、13A、13B 型不大于 8 mm，16、17 号不大于 10 mm。

(4)钩舌销与钩耳孔的间隙不大于 6 mm(按短径计算)。

(5)钩尾框与钩尾销组装时，须采用经探伤检查合格的材质为 45 号钢的新品四方头螺栓，安装弹簧垫圈和 ϕ4 mm 开口销并卷边。

(6)16 号车钩应进行转动试验，双向 180°往复转动 2 次，360°转动 1 次，转动须灵活，性能良好。

(7)组装时各零件摩擦面按规定涂干性润滑脂。

34. 车钩、钩尾框的哪些部位要涂干性润滑脂？

答：车钩、钩尾框的下列主要部位须涂干性润滑脂：上、下牵引台、冲击台、护销突缘、钩舌销孔、钩体上的锁面和钩尾销孔，钩舌钩锁承台、锁面，钩尾框销孔，锁销机构的所有零件表面，16、17 号车钩钩尾销孔及球面，16 号钩尾框头部转动摩擦面、转动套的内表面、钩尾销孔表面和转动摩擦面。

35. 车钩组装时有何重点注意事项？

答：(1)进行钩舌、钩腔内部配件的选配，保证车钩三态作用良好。

(2)钩锁移动量符合要求，钩锁移动量的调整须在保证钩锁坐入量的前提下进行。

36. 车钩组装时钩腔内部配件为何进行选配？车钩哪些配件需要选配？目的是什么？

答:因为车钩使用年限长,钩腔内部磨耗严重,修理难以恢复原型,故必须选配。钩舌、钩锁、上锁销组成、钩舌推铁等零部件应进行选配。选配的目的分别如下:

(1)钩舌:①减小与钩锁配合横向间隙;②使钩舌开闭灵活,闭锁、全开符合技术要求;③保证钩锁坐入量不小于45 mm时,钩锁与钩舌侧锁座有间隙。

(2)钩锁:①减小钩锁与钩舌锁面横向间隙;②锁销杆挂钩上部圆弧与钩锁转轴配合,保证锁销杆导向性能良好;③使钩锁移动量减小。

(3)上锁销组成:①保证挂钩上部圆弧与钩锁轴销配合良好,使锁销杆导向顺利可靠;②上锁销复位性能好;③使钩锁移动量减小。

(4)钩舌推铁:保证开锁、闭锁作用良好。

37. 13号、13A、13B型上作用车钩换装上锁销组成后如何进行检查？

答:(1)组装后的车钩不得有杂物,以免影响车钩的三态作用和防跳性能。

(2)用手持续稳定地推动钩舌鼻部,钩舌应能转动到全闭状态,同时钩锁应顺利地落到闭锁位置。当钩锁坐落到钩舌尾部的钩锁承台上或距钩锁承台小于6 mm时,钩舌应处于闭锁状态。此时,上锁销组成的上锁销和上锁销杆应处于防跳保护位置。

(3)用检查提杆提起钩锁,试图让钩锁上抬离开钩舌尾部时,而钩舌仍不能打开,车钩仍处在闭锁位置。当回转检查提杆落下钩锁时,钩锁应坐落在钩舌推铁的锁座前顶面上。

此时用手扳动钩舌内腕，钩舌应能自由地转动到全开位置。

(4)用手持续稳定地转动检查提杆的手把，钩舌应能到达全开位置。

38. 钩舌销、钩尾销的检修有何要求？

答：钩舌销与钩尾销的主要作用是连接钩舌与钩体及车钩与钩尾框，一旦断裂可能出现车辆的分离事故。钩舌销与钩尾销的故障主要为裂纹与磨耗。检修要求如下：

(1)钩舌销裂纹或磨耗后直径剩余不足 39 mm 时更换；弯曲时调直后探伤。

(2)13 号钩尾销横裂纹时更换，变形时调修后探伤；宽度磨耗超过 3 mm 时堆焊后加工恢复原型；底面局部磨耗时，堆焊后磨平。

16 号、17 号车钩尾销裂纹、变形时更换；直径磨耗超过 3 mm时更换；长度磨耗超过 4 mm 时更换。

(3)钩舌销、钩尾销更换新品时，材质为 40Mn2 或 40Cr。

39. 钩腔内防跳台、钩腔与锁铁接触面、钩身下平面磨耗时有何检修要求？

答：(1)钩腔内防跳台磨耗超过 3 mm 时焊修，焊后须平整并符合样板规定的要求，不得影响三态作用。

(2)钩腔与锁铁接触面磨耗，影响锁铁正位或影响钩腔内侧距离时堆焊，且须用砂轮打磨，局部凹下不得超过 1 mm。

(3)钩身下面磨耗超过 5 mm 时须焊修，钩尾端侧面磨耗超过 5 mm 时焊修。

40. 13号、13A、13B 型下作用车钩组装后如何检查防跳性能？

答：13 号、13A、13B 型车钩在闭锁位置检查防跳性能时必须使用“锁铁托具”，并将钩锁腿贴靠后壁，然后向上托起钩锁，不得开锁；同时，钩锁相对于钩舌坐锁面的移动量不大于22 mm,且不小于3 mm。下作用车钩须有二次防跳性能,摆动下锁销组成时,防跳作用须良好。

41. 13号、13A、13B型上作用车钩组装后如何检查防跳性能?

答:在钩锁锁腿与钩体下锁孔前壁之间插入一个螺丝刀,将钩锁锁腿撬向后边,使钩锁上的A点与钩体贴靠,同时用一撬杠塞进钩锁前坐锁面与钩舌承台之间,并将钩锁撬起,不得开锁,如图4-1所示。此时钩锁移动量:新造和厂修不大于10 mm,段修不大于11 mm,且均不小于3 mm。

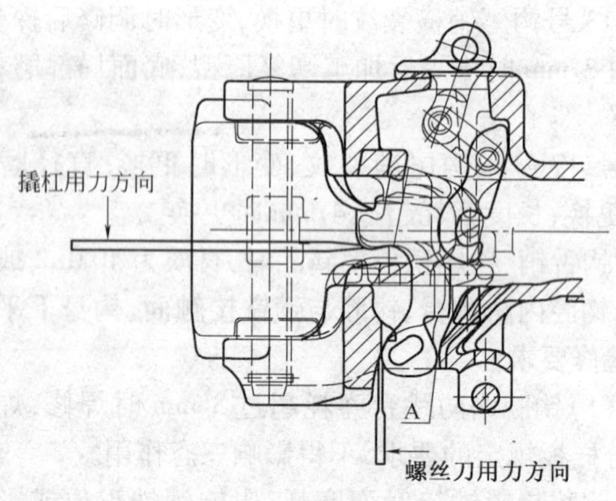

图4-1　防跳间隙检测示意图

42. 16号、17号车钩组装后如何检查防跳性能?

答:(1)下锁销防跳性能检查:从钩头下部在锁脚与锁铁孔前壁之间用撬棍向后撬锁铁脚,同时从钩头正面用撬棍向上撬起钩锁,测量下锁销顶面与钩舌坐锁台下面的搭接量——防跳保护值,搭接量为6.5~14.5 mm。搭接量小于6.5 mm时,应更换下锁销或下锁销组成等。

(2)下锁销杆防跳性能检查:用右手将下锁销杆向上托

起，使下锁销杆的防跳台与钩体的防跳台贴靠，此时用左手向开锁方向转动下锁销，下锁销不得转动，下锁销、钩锁上移不得使车钩开锁。

43. 牵引台（冲击台）间隙、护销突缘间隙、钩舌销与钩耳孔间隙的关系是什么？

答：牵引台（冲击台）间隙 < 护销突缘间隙 < 钩舌销与钩耳孔的间隙。

牵引台（冲击台）磨耗后，护销突缘与牵引台（冲击台）共同承担牵引力（冲击力），此时，钩舌销不受力；再磨耗后，钩舌销与护销突缘、牵引台（冲击台）共同受力。

44. 钩舌与上钩耳的间隙超限时如何调整？

答：钩舌与上钩耳的间隙为：13 号、13A、13B 型车钩不大于8 mm，16、17 号车钩不大于 10 mm，大于时在钩舌与下钩耳间安装垫圈调整。

45. 13A型车钩主要零部件和钩尾框的材质是什么？

答：13A 型钩体、钩舌、钩尾框有两种材质：正火处理的 C 级钢和调质处理的 C 级钢。钩锁材质为 E 级钢，钩舌推铁、上锁销、上锁销杆、下锁销、下锁销体、下锁销钩材质为 B 级钢。

46. 13A型钩尾框与 13 号钩尾框相比有何结构特点？

答：13A 型钩尾框与 13 号钩尾框相比，增大了钩尾框框身的受力面积，改善了尾部弯角的结构，结构合理，制造、检修工艺性好，强度储备大，提高了产品的性能和可靠性，能适应铁路货车提速、重载的需要。

47. 16号车钩主要零部件和钩尾框的材质是什么？

答：16 号钩体、钩舌、钩尾框、钩锁、从板材质为 E 级钢，有“E”标记。转动套材质为 E 级钢，无标记。钩舌推铁、下锁销杆、下锁销、钩锁止动块材质为 B 级钢。

48. 车钩钩舌、钩体、钩尾框检修标记如何涂打?

答:车钩钩舌、钩体、钩尾框检修标记涂打有以下3项要求:

(1)车辆在厂、段、辅修及临修时装用的新造或检修的钩舌、钩体、钩尾框均须用白油漆、漏模涂打装车单位简称和年月(检修标记)。

(2)检修单位简称及检修年月均使用20号字,检修年月中的年份只涂打末尾两个数字,字间隔5 mm,单位与年月标记间隔15 mm。

(3)涂打位置规定为:钩舌涂打在尾部上面距牵引台20 mm处;钩体涂打位置为钩颈上平面居中距钩肩80 mm处;钩尾框涂打位置为钩尾框上平面居中距钩尾销孔50 mm处。

49. 简述钩尾框段修主要工序。

答:钩尾框段修主要工序如下:寿命检查→抛丸除锈→检测→湿法磁粉探伤→焊修→热处理→磨修→复探→钩尾框销孔加工→涂漆→涂打标记→存放。

50. 钩尾框主要有何检查项目?

答:钩尾框主要有下列4项检查项目:

(1)裂纹:重点检查钩尾框后端弯角50 mm处、钩尾销孔,兼顾其他部位。

(2)磨耗:钩尾销孔、框身内侧、框身后端内壁、框身下平面及磨耗板、螺栓孔、16号钩尾框前唇厚度、16号钩尾框距前唇内侧95 mm范围内圆柱面、16号钩尾框前唇内侧到尾部内侧承载面距离、17号钩尾框前端内腔等。

(3)变形:框身等。

(4)碾堆:16、17号钩尾框各部位。

51. 钩尾框裂纹多发生在哪些部位?段修时如何修理?

答:(1)钩尾框尾部弯角区域是应力集中部位,裂纹多发生在此区域。

(2)①普碳钢(材质为 ZG 230－450)的 13 号、13A 型钩尾框裂纹时更换。②16、17 号钩尾框及 C 级钢、E 级钢的 13A 型、13B 型钩尾框前、后端上、下弯角 50 mm 范围内裂纹时更换;其他部位纵裂纹时焊修;横裂纹不大于 30 mm 时焊修,大于 30 mm 时更换。③锻造钩尾框连接焊缝开裂时焊修后磨平。

52. 钩尾框的磨耗检修有何要求?

答:(1)框身厚度磨耗大于 3 mm、其他部位大于 4 mm 时,普碳钢(材质为 ZG 230－450)的 13 号、13A 型更换,16、17 号及 C 级钢、E 级钢的 13A、13B 型须纵向堆焊后磨平。16、17 号钩尾框框身剩余厚度小于 22 mm 时更换。

(2)下框身下平面须焊装磨耗板,钩尾框下框身下平面磨耗时堆焊磨平后焊装磨耗板;原磨耗板磨耗超限时更换,丢失时补装。16、17 号锻造钩尾框、更换的新品 13B 型钩尾框不得焊装框身磨耗板。

(3)13 号钩尾框销孔长径磨耗超过 3 mm 时,普碳钢(材质为 ZG 230－450)的 13 号、13A 型更换,C 级钢、E 级钢的 13A 型、13B 型堆焊后加工。

17 号钩尾销孔直径磨耗超过 2 mm 时堆焊后加工。

(4)17 号钩尾框前端内腔高度磨耗大于 3 mm 时堆焊磨平。

(5)16 号钩尾框距前唇内侧 95 mm 范围内任一点直径大于 ϕ277 mm 时更换。前唇厚度磨耗大于 2 mm 时堆焊后加工或更换。前唇内侧到尾部内侧距离大于 845 mm 时,须在尾部内侧面堆焊后加工,大于 862 mm 时更换。

(6)13 号、13A、13B 型钩尾框螺栓孔直径磨耗超过 3 mm 时,普碳钢(材质为 ZG 230－450)的 13 号、13A 型更换,材质为 C 级钢、E 级钢的堆焊后加工。

53. 如何用样板检测 13 号、13A、13B 型钩尾框的主要磨耗部位?

答:(1)用框身厚度样板深入边缘 10 mm 内检查厚度,超限时焊修后磨平恢复原型。

(2)用样板深入钩尾框销孔内 10 mm 处进行检查,磨耗超限时堆焊加工。

(3)用钩尾框 777 mm 尺寸样板检查钩尾框后端内壁,磨耗超限时焊装磨耗板或堆焊后加工恢复原型。

54. 从板的检修有何要求?

答:从板是传递车钩缓冲装置与车体之间冲击力、牵引力的部件,存在的主要故障为磨耗,其检修要求为:从板裂纹时更换;各部磨耗大于 3 mm 时堆焊后加工,侧面(长度方向)磨耗大于 3 mm 时可焊装磨耗板,弯曲、变形时调修。16、17 号车钩从板的支承球面及缓冲器支撑平面磨耗深度或凹痕大于 3.5 mm 时更换,碾堆时用砂轮磨修,圆滑过渡。

55. 缓冲器有何主要性能参数?

答:缓冲器主要有下列 6 种性能参数:

(1)行程:缓冲器受力后的最大变形量。

(2)最大阻抗力:缓冲器达到最大行程时的反弹作用力。

(3)容量:缓冲器在全压缩过程中,作用力在其行程上所做的功的总和。它是衡量缓冲器能量大小的主要指标。

(4)能量吸收率:缓冲器在压缩过程中,有一部分能量被阻尼消耗,所消耗部分的能量与容量之比称为能量吸收率。它表明缓冲器吸收能量的能力,吸收率越大,反冲力越小。

(5)初压力:与车体牵引梁的前、后从板座间缓冲器安装槽长度相关的缓冲器作用力。其值的大小将影响列车起动加速度。

(6)最大冲击速度:缓冲器达到最大阻抗力或行程时的车辆冲击速度。

56. 目前我国铁路货车装用的缓冲器有哪些型号?

答:目前我国铁路货车装用的缓冲器主要有4种:2号、ST型、MT-2型和MT-3型,另外还有少量国外进口的Ⅲ-Ⅰ-TM型(前苏联)、SZ-1-TM型(波兰)和Mark-50型(美国)缓冲器。

57. ST型缓冲器的结构、特点及用途是什么?

答:ST型缓冲器的结构主要由下列7种零部件组成:箱体、推力锥、摩擦楔块、限位垫圈、弹簧和螺栓、螺母。ST型缓冲器为全钢干摩擦式弹簧缓冲器,箱口内部、摩擦楔块、推力锥和限位垫圈组成摩擦机构,箱体口内部的六角锥面为主摩擦面,弹性元件为内外两个圆柱形螺旋弹簧,由螺栓、螺母将缓冲器各零件连接成一整体。ST型缓冲器结构简单、零件较少、重量轻,适用于总重为84 t的主型通用货车及货运机车。

58. MT-2、MT-3型缓冲器由哪些零部件组成?

答:MT-2、MT-3型缓冲器主要由下列13种零部件组成:1个箱体、2个角弹簧座、4个角弹簧、1个外圆弹簧、1个内圆弹簧、1个弹簧座、1个复原弹簧、2个动板、2个外固定板、2个固定斜板、2个楔块、1个中心楔块、2个铜条。

59. MT-2型缓冲器有何主要用途和结构特点?

答:MT-2型缓冲器是为适应我国铁路在大秦线开行6 000~10 000 t重载单元列车,在主要干线开行5 000 t级重载列车而研制和开发的,它具有性能稳定、阻抗低、容量大、使用寿命长、检修方便等特点,是新一代大容量通用货车缓冲器。适用于总重为84t的主型通用货车车辆以及其他货车车辆,可在4 ℃~50 ℃的环境温度范围内正常工作。

MT－2 型缓冲器主要由箱体、摩擦机构和弹性元件等组成，两楔块带动板的摩擦机构和圆柱形螺旋弹簧组成减振系统，箱体不直接承受摩擦作用。具有性能稳定、阻抗低、容量大、使用寿命长、检修方便等特点。

60. MT－2、MT－3 型缓冲器零部件的通用性及识别标志是如何规定的？

答：MT－2、MT－3 型缓冲器零部件的通用性及识别标志如表 4－1 所示。

表 4－1　MT－2、MT－3 型缓冲器零部件的通用性及识别标志

通用性及识别标志 型号	零部件通用化说明	性能参数的区别	产品识别标志
MT－2 型	箱体、外圆弹簧、内圆弹簧为专用件； 其他零部件为通用件	（1）正式容量：MT－2 型为 54～65 kJ，MT－3 型≥45 kJ； （2）最大阻抗力：MT－2 型为 2 000～2 300 kN，MT－3 型为≤2 000 kN	（1）箱体铸有“MT－2”字样； （2）箱体涂墨绿色漆
MT－3 型			（1）箱体铸有“MT－3”字样； （2）箱体涂深棕色漆

61. MT－2、MT－3 型缓冲器的适用范围及对车钩缓冲装置的连接要求是如何规定的？

答：MT－2、MT－3 型缓冲器的适用范围及对车钩缓冲装置的连接要求如表 4－2 所示。

62. 简述缓冲器段修主要工序。

答：（1）2 号缓冲器段修主要工序如下：分解→清洗→检测→焊修→组装→检测→存放。

（2）ST 型缓冲器段修主要工序如下：外观检查→分解→检测→焊修、磨修→组装→检测→压吨试验→涂打标记→存放。

表4-2 MT-2、MT-3型缓冲器的适用范围及对车钩缓冲装置的连接要求

要求 型号	适用范围	对车钩缓冲装置的连接要求
MT-2型缓冲器	专用缓冲器,适用于 (1)大秦线重载单元 C_{63}、C_{63A}、C_{76}、C_{76A}、C_{76B}、C_{76C}等型敞车; (2)总重84 t以上的重载货车	(1)使用1块前从板; (2)保证车钩与冲击座间距为91^{+10}_{-3} mm
MT-3型缓冲器	通用缓冲器,适用于各型通用货车	

63. 2号缓冲器段修时有何要求?

答:(1)缓冲器须分解检修,清除油垢,环弹簧裂纹时更换;组装时,环弹簧摩擦面须涂适量三号钙基润滑脂。

(2)弹簧盒端部弯角处裂纹长度不大于80 mm时焊修,大于80 mm时更换。弹簧盒内壁磨耗大于3 mm时焊修或更换。弹簧盒更换时不得补充新品。弹簧盒盖、弹簧座裂纹时焊修或更换,底板裂纹时更换。

(3)自由高超限时,可调换环弹簧或在弹簧盒内安装1块厚度不大于10 mm、直径不小于ϕ150 mm的钢垫板调整。

64. 2号缓冲器组装时有何要求?

答:2号缓冲器组装时,环弹簧摩擦面须涂适量Ⅲ号钙基润滑脂。自由高超限时,可调换环弹簧或在弹簧盒内安装1块厚度不大于10 mm、直径不小于ϕ50 mm的钢垫板调整。

65. ST型缓冲器段修时主要检查哪些项目?

答:ST型缓冲器段修时主要检查下列7项:箱体内六方口及其他部位的磨耗检查,箱体的变形及裂损检查,摩擦模块的裂纹及磨耗检查,推力锥的裂纹、破损及磨耗检查,限位垫圈的裂纹、破损及磨耗检查,内、外簧自由高及裂纹检查等。

66. ST、Ⅲ－1－TM、SZ－1－TM 型缓冲器段修时有何要求?

答:ST、Ⅲ－1－TM、SZ－1－TM 型缓冲器段修时有下列要求:

(1)ST 型缓冲器在质量保证期内自由高须大于 568 mm,外观检查状态良好时可不分解。

(2)外观状态不良、ST 型缓冲器自由高小于 568 mm 或超过质量保证期时,须按下列 6 项要求分解检修:

① 螺栓须更换材质为 20 号钢的新品,并进行湿法磁粉探伤检查。

② 箱体变形影响组装时更换。六方口部裂纹长度小于 30 mm、内六方面磨耗小于 3 mm 时(从顶面深入 20 mm 处测量)焊修后磨平,大于或箱体各部裂损时更换。除内六方口部外,其他各部磨耗大于 2 mm 时堆焊后磨平。

③ 摩擦楔块裂纹、厚度小于 20 mm、51°31′摩擦面磨耗深度大于 2 mm 或 11°支承面局部凹坑深度大于 2 mm 时更换,不得焊修。

④ 推力锥裂纹、破损或磨耗深度大于 2 mm 时更换。

⑤ 限位垫圈裂纹、破损或 $R12$ mm 处局部磨耗大于 2 mm 时更换新品。

⑥ 内、外簧裂纹、折断或电弧灼伤,外簧自由高小于 393 mm,内簧自由高小于 362 mm 时更换新品。

67. ST、Ⅲ－1－TM、SZ－1－TM 型缓冲器检修后组装有何要求?

答:为了保证产品的质量,检修后的 ST、Ⅲ－1－TM(前苏联)、SZ－1－TM 型(波兰)缓冲器的组装应符合以下要求:

(1)组装时摩擦楔块须装入箱体原位置。弹簧组装时,内、外弹簧的旋向须相反。

(2)Ⅲ－1－TM、SZ－1－TM 型缓冲器与 ST 型缓冲器的配件不得互换。

(3)组装后，Ⅲ－1－TM、SZ－1－TM 型缓冲器自由高为(568±5) mm，ST 型缓冲器自由高为 568^{+4}_{-1} mm，行程为 68^{+5}_{+3} mm，各摩擦楔块与箱体须有 2/3 密贴，除圆角处外，平面上用10 mm×0.5 mm 塞尺检测，不得贯通。

(4)各摩擦面不得有油污。

(5)组装缓冲器螺母前，推力锥上平面与箱体顶部距离不小于 80 mm，压缩楔块与限位垫圈间隙不小于 4 mm。不得将摩擦楔块倒装，或将限位垫圈安装在弹簧下面。

(6)安装螺母后，螺栓的螺纹露出部分须不少于 2 扣。经检查合格后的缓冲器按图样要求铆固，螺母铆固后紧固力矩须大于 100 N·m。

(7)组装后的缓冲器，其箱体底部螺栓头部安装座内，不得有异物。

(8)每套 ST 型缓冲器组装后须进行不大于 150 t 的压吨试验，压缩后须能自由恢复原位。

68. MT－2、MT－3 型缓冲器段修时有何要求?

答:(1)质量保证期为 6 年，大修周期为 9 年。质量保证期内有影响使用的缺陷时由生产厂家负责无偿更换。超过质量保证期时，新造或大修后使用时间不满 9 年(新造以箱体上的制造时间为准，大修以焊装在箱体上标志板上的时间为准)，经外观检查状态良好者可不分解；新造、大修后使用时间满 9 年而未达到寿命管理年限，或超过质量保证期有下列 4 种情况之一时须送指定厂家大修:

① 自由高小于 572 mm。

② 箱体裂损，严重变形，高度小于 482 mm 或口部对应于中心楔块安装部位最薄处厚度小于 15 mm。

③ 其他外露零部件折损或丢失。

④ 木槌锤击动板端头,中心楔块松动,顶面至动板顶面的距离平均值小于4.5 mm。

(2)经分解检修合格的缓冲器须刻打检修单位简称及年月标记。

5 轮对与滚动轴承

5.1 综合部分

1. 什么叫轮对?

答:由一根车轴和两个车轮采取过盈配合,经冷压装组成的整体铁路部件。

2.《铁路货车轮轴组装、检修及管理规则》中“轮轴”指什么?

答:指已压装(组装)滚动轴承的轮对,具有承载和走行的功能。

3. 什么叫提速轮轴?

答:是指适应于 120 km/h 运行速度的轮轴。车轴须为 50 钢;车轮型号须为 HDS、HDZ、HES 或 HEZ 等系列,新品车轮的最大静不平衡值为 125 g · m,标记为 E3;轴承型号须为 353130B、353130A、SKF197726 或装用工程保持架的 352226X2 -2RZ 等。

4. 什么叫减重轮轴?

答:是指装用 HDZB、HDZC、HDZD、HEZB、HEZD、HDSA、HESA 等型减重车轮、50 钢车轴及无轴箱双列圆锥滚子轴承的轮轴。

5. 什么叫提速且减重轮轴?

答:是指提速轮轴上装用 HDZB、HDZC、HDZD、HEZB、HEZD、HDSA、HESA 等型减重车轮。

6. 简述车轮及其各部位的名称和作用。

答:车轮是铁道车辆中最重要的零件之一,在运用中具有承载、导向、传递制动力和牵引力等功能。

整体辗钢车轮,由以下 5 部分组成:

轮辋——是车轮沿踏面圆周的厚度部分。

踏面——是车轮轮辋表面同钢轨接触并在轨面上滚动的部位。

轮缘——是车轮踏面内侧的径向圆周凸起部分,用以保持车轮在钢轨上运行并防止脱轨的部位。

轮毂——是位于车轮中央与辐板相连并与车轴互相配合的部分。

辐板——是联结轮辋和轮毂的部分。

由上述各部分组成的车轮,具备了所需的基本功能。不同的踏面外形、轮辋厚度、辐板形状及厚度以及轮毂部的尺寸变化,都将对车轮的强度及使用性能产生很大的影响,决定了不同的车轮使用条件和车轮的种类。

7. 何谓车轮名义直径?我国货车标准轮径是多少?

答:车轮在离轮缘内侧 70 mm 处测量所得的直径为名义直径,该圆称为滚动圆。我国货车标准轮径为 ϕ840 mm。

8. 车轮上应有何基本标记?

答:车轮上应有下列 5 种基本标记:(1)制造年月;(2)车轮型号;(3)制造工厂代号;(4)车轮钢种代号;(5)熔炼炉罐号。

9. 试述车轴制造标记主要包括哪些内容?

答:(1)车轴钢冶炼熔炼号;(2)车轴钢钢种标记;(3)车轴制造(锻造)单位代号;(4)车轴锻造年月;(5)车轴锻造顺序号(轴号);(6) 车轴方位标记;(7)车轴轴型标记;(8)车轴制造超声波穿透探伤检查钢印标记;(9)超声波穿透探伤工作者的责任钢印标记。

10. 无轴箱双列圆锥滚子轴承标志板有何内容?

答:滚动轴承标志板各栏应刻打下列4项内容:

A栏:轴承首次装用年月,等级轴承标记,轴承制造(大修)单位代号,轴承分类代号。

B栏:左端,轮对第一次组装年月日,“左”,轴号;

右端,轮对最后一次组装年月日,轮对组装单位代号。

C栏:轴承本次装用年月日。

D栏:轴承本次装用单位代号,一般检修单位代号,一般检修符号。

11. 货车车轴寿命管理如何规定?

答:(1)车轴的使用时间自轮对首次组装时间开始计算,当首次组装时间不明时,以车轴制造时间为准,按轮对入检修单位的收入鉴定月份计算。

(2)车轴有下列情况之一时报废:

① 50钢及进口车轴使用时间满25年。

② 40钢车轴使用时间满22年。

③ 车轴使用时间满20年有横裂纹时。

④ RD_2 型D1等级车轴使用时间满20年。

⑤ 轴端有“++”标记的车轴,使用时间满20年。

⑥ 长大货物车、机冷车轮对使用时间满30年。

⑦ 滑动轴承车轴使用时间满20年。

12. 货车常见无轴箱滚动轴承寿命管理如何规定?

答:(1)轴承的使用寿命以新造或大修轴承的使用时间或运行里程为准,新造、大修轴承的使用时间或运行里程自首次压装时间开始分别计算,时间统计精确到月。

(2)大修、检修轴承达到表5-1规定的使用时间或运行里程者,须整套报废。

表 5 - 1　新造、大修、检修轴承使用时间或运行里程

<table>
<tr><th>序号</th><th>轴承型号</th><th>新造轴承使用时间或运行里程</th><th>大修轴承使用时间或运行里程</th><th>备　注</th></tr>
<tr><td>1</td><td>353130B(C353130)</td><td>8 年或 80 万 km</td><td>8 年或 80 万 km</td><td></td></tr>
<tr><td>2</td><td>353130A</td><td>8 年或 80 万 km</td><td>7 年或 70 万 km</td><td></td></tr>
<tr><td>3</td><td>CTBU150(SKFITALY VOR - 7030A)</td><td>8 年或 80 万 km</td><td>8 年或 80 万 km</td><td></td></tr>
<tr><td>4</td><td>SKF353130 - 2RS (SKFTBU150)</td><td>8 年或 80 万 km</td><td>8 年或 80 万 km</td><td></td></tr>
<tr><td>5</td><td>TBU150 (SKFITALY VOR - 7032)</td><td>8 年或 80 万 km</td><td>8 年或 80 万 km</td><td></td></tr>
<tr><td>6</td><td>353130X2 - 2RZ</td><td>8 年或 80 万 km</td><td>7 年或 70 万 km</td><td></td></tr>
<tr><td>7</td><td>TAROL150/250 TVP808997</td><td>8 年或 80 万 km</td><td>8 年或 80 万 km</td><td></td></tr>
<tr><td>8</td><td>AP150</td><td>8 年或 80 万 km</td><td>40 万 km</td><td></td></tr>
<tr><td rowspan="3">9</td><td rowspan="3">352226X2 - 2RZ (TN)</td><td>4 年或 40 万 km</td><td rowspan="3">7 年或 70 万 km</td><td>2004 年 9 月 1 日以前制造的钢保持架轴承</td></tr>
<tr><td>5 年或 50 万 km</td><td>2003 年 7 月 1 日及以前制造的轴承换装工程塑料保持架</td></tr>
<tr><td>8 年或 80 万 km</td><td>2003 年 7 月 1 日及以后制造的轴承装用、换装工程塑料保持架</td></tr>
<tr><td rowspan="2">10</td><td rowspan="2">SKF197726</td><td>5 年或 50 万 km</td><td>5 年或 50 万 km</td><td>1998 年 1 月 1 日至 1999 年 3 月 30 日制造</td></tr>
<tr><td>8 年或 80 万 km</td><td>7 年或 70 万 km</td><td>1999 年 3 月 30 日以后制造</td></tr>
<tr><td>11</td><td>197726(TN)</td><td>—</td><td>5 年或 50 万 km</td><td></td></tr>
<tr><td>12</td><td>197726</td><td>4 年或 40 万 km</td><td>4 年或 40 万 km</td><td></td></tr>
</table>

(3)大秦线专用敞车的轴承使用寿命折算方法为:1 年 = 走行 20 万公里(运装货车〔2004〕343 号文件规定)。

13. 简述轮对段修工序。

答:轮对段修工序如下:收入检查→冲洗除锈→检查→轮对荧光磁粉探伤→轮对自动超声波探伤→轮对手工复探→踏面旋修→检验涂油。

14. 轮对收入检查者的职责范围是什么?

答:(1)建立轮对收入台账——轮对卡片(车统—51C)(即:段修车卸下轮对,站修和列检所送修轮对以及车轮厂送段良好轮对的收入台账)。

(2)填写轮对卡片收入栏的全部内容。

(3)抄录轴端、轴承标志板和施封锁上的标记。

(4)检查车轴、车轮、轴承及附件的外观技术状态。

(5)测量轮对各部位及缺陷的尺寸。

(6)判断轮对及轴承修程,填写轴承退卸原因。

(7)填写入厂修或修竣轮对发送单(车统—50)。

15. 轮对除锈后应达到什么标准?

答:轮对除锈后,车轴外露表面须露出基本金属面,不退卸轴承或轴承内圈时,防尘板座及轮座外侧的外露部位除外。

16. 车轴哪些部位易发生裂纹?

答:车轴下列 3 个部位易发生裂纹:

(1)轮座处 30 mm 惯性疲劳裂纹发生区。

(2)轴颈卸荷槽。

(3)车轴轴身。

5.2 轮轴检修岗位

1. 说明 LLJ-4A 型车轮用第四种检查器有哪些测量功能?

答:(1)测量车轮踏面圆周磨耗深度。

(2)测量车轮轮缘厚度。

(3)测量车轮轮缘高度。

(4)测量车轮轮辋厚度。

(5)测量车轮轮辋宽度。

(6)测量车轮外侧辗宽。

(7)测量车轮踏面擦伤深度。

(8)测量车轮踏面擦伤长度。

(9)测量车轮踏面剥离深度。

(10)测量车轮踏面剥离长度。

(11)测量车轮轮缘垂直磨耗。

2. 如何使用第四种检查器(LLJ-4A)测量车轮踏面圆周磨耗?

答:首先将踏面圆周磨耗测尺尺框车轮滚动圆刻线与主尺背面上的车轮滚动中心定位刻线对齐,拧紧踏面圆周磨耗尺框紧固螺钉,将踏面圆周磨耗测尺推向最上方,再将轮缘厚度测尺推向最右侧。然后将车轮检查器放在车轮踏面上,其尾端垂直于车轴中心线,使踏面磨耗测量定位面与轮缘顶部接触,推动踏面磨耗测尺使其测头接触车轮踏面,读出踏面圆周磨耗测尺上刻线与踏面圆周磨耗尺框刻线相重合的数值,即为踏面圆周磨耗数值。

3. 如何使用第四种检查器测量轮缘厚度?

答:首先将第四种检查器置于测量车轮踏面圆周磨耗的位置,然后推动轮缘厚度测尺使其测头接触轮缘,读出轮缘厚度测尺上刻线与轮缘厚度尺框刻线相重合的数值,即为轮缘厚度数值。

4. 如何使用第四种检查器测量轮辋厚度?

答:首先测出车轮踏面圆周磨耗数值,然后读取轮辋内侧边缘与轮辋厚度测尺内侧刻度线对应的数值,再减去踏面圆周磨耗值即为轮辋厚度数值。

5. 如何使用第四种检查器测量踏面擦伤或局部凹入深度?

答:移动踏面圆周磨耗尺框和踏面圆周磨耗测尺时踏面圆周磨耗测尺的测头对准踏面擦伤、剥离或局部凹入部位最深处,拧紧踏面圆周磨耗尺框紧固螺钉,读出踏面圆周磨耗测尺上刻线与踏面圆周磨耗尺框刻线相重合数值,然后沿车轮圆周方向移动主尺测量同一圆周未擦伤、剥离或凹入部位的踏面磨耗深度,两个数值相减即为踏面擦伤或局部凹入深度。

6. 如何使用第四种检查器测量踏面擦伤、剥离或局部凹入长度?

答:用轮辋厚度测尺的外刻线沿圆周方向测量擦伤、剥离或凹入处的长度,即为踏面擦伤、剥离或凹入长度。

7. 如何用车轮直径检查尺测量车轮直径?

答:先将检查尺杆 1 上任意一端的滑尺固定,然后移动另一端滑尺,将检查尺从轮背内侧放在车轮上,滑尺的平面 A 须与轮背内侧面贴紧,保证滑尺尖端处于踏面基线位置,调整活动滑尺尖端 B,使其与踏面接触,将检查尺中段距离与两端数字相加,即为该车轮直径尺寸。同一车轮须测量三处,最大数值与最小数值之差,即为轮径差。

8. 如何使用轮对内距尺测量轮对内侧距离?

答:(1)测量时,尺杆平行于车轴中心线。

(2)使固定卡爪 B 贴紧另一轮缘内侧面。

(3) 移动游标卡爪 A 贴紧另一轮缘内侧面。

(4)拧紧紧固螺钉 D。

(5)读出游标刻线对应的 C 尺上的尺寸。

9. 如何做好量具的保养?

答:(1)量具使用前必须用柔软棉纱或破布擦拭干净。

(2)不能用精密量具测量毛坯或粗糙的加工表面。

(3) 不能用量具测量旋转的工件。

(4)测量时不能用力过大,也不能测量高温工件。

(5)不能把量具当其他工具使用。

(6) 不能用脏油清洗量具或给量具加注脏油。

(7)计量器具要定期校验。

(8)量具使用完后要放在量具盒内。

10. 轮对厂修、段修时,有哪些情况须退轮检查?

答:轮对厂修、段修时,有下列情况之一者须退轮检查:

(1)轴端无组装日期及组装单位责任钢印(进口轮对除外)。

(2)经复合磁化荧光磁粉探伤或超声波探伤检查,确认有下列情况之一:

① 车轴裂纹延伸至轮座或轮座裂纹。

② 车轴透声不良或难以判断。

③ 镶入部接触不良。

(3)轮对内侧距离及内侧距离三处差超限。

(4)厂修时,轮对轮位差超限。

(5)出现其他需要退轮检修的故障。

11. 轮对厂修、段修时,有哪些情况须更换车轴?

答:轮对厂修、段修时,有下列情况之一者须更换车轴:

(1)车轴无制造时间或制造单位代号。

(2)RD_2 型 K1、K2 等级车轴。

(3)使用时间达到 20 年的国产 RD_2 型 40 钢车轴轮对需退轮时。

(4)车轴裂纹超限而不能修复。

(5)经超声波探伤检查确认透声不良。

(6)轴颈、防尘板座、轮座、轴身等有一处尺寸超过规定限度而不能修复。

(7)轴身弯曲超限。

(8)脱轨车辆同一转向架上的车轴轴颈弯曲大于0.15 mm。

(9)轴颈由于燃轴而碾长或弯曲者。

(10)轴颈及防尘板座有电焊打火或电蚀。

(11)其他需要更换车轴者。

12. 轮对厂修、段修时，有哪些情况须更换车轮?

答:轮对厂修、段修时，有下列情况之一者须更换车轮:

(1)车轮轮辋厚度小于规定限度。

(2)车轮轮辋宽度小于127 mm。

(3)厂修时，车轮轮毂长度小于170 mm。

(4)车轮踏面及轮缘裂纹、缺损、剥离经旋修无法消除。

(5)车轮轮辋裂纹无法消除或辐板(不包括辐板孔)、轮毂裂纹。

(6)车轮辐板孔周向裂纹长度超限、扩展方向大幅度偏离圆周方向或存在径向裂纹。

(7)辗钢车轮轮辋外侧及辐板上有沿圆周方向的重皮。

(8)辗钢车轮有铲槽。

(9)其他需要更换车轮者。

13. 轮对支出时，车轮踏面及轮缘部位外观检查须符合哪些要求?

答:(1)经旋削及未经旋削的轮对:车轮踏面及轮缘表面应无剥离、擦伤、局部凹陷、裂纹、缺损、辗宽及踏面上粘有熔化金属。

(2)轮缘应无垂直磨耗、缺损、裂纹。

14. 轮对支出检查时，车轮踏面及轮缘尺寸测量须符合

哪些要求？

答：(1)轮辋厚度：厂修为≥30 mm；段修为≥28 mm。

(2)轮缘厚度：

① 三轴及多轴转向架的中间轮对，厂修为≥19 mm；段修为≥17 mm。

② 其他各型，厂修为≥28 mm；段修为≥26 mm。

(3)轮缘高度：必须恢复到(27 ±1)mm。

(4)踏面圆周磨耗深度：厂修为≤3 mm；段修为≤5 mm。

(5)踏面擦伤及局部凹陷深度：

① 厂修：滚动轴承轮对不得存在。

② 段修：非提速滚动轴承轮对≤0.5 mm；提速滚动轴承轮对≤0.2 mm。

(6)踏面剥离长度：

① 厂修：不得存在。

② 段修：非提速滚动轴承轮对1处(不大于)20 mm，两处(每1处均不大于)10 mm；提速滚动轴承轮对1处(不大于)15 mm，两处(每1处均不大于)8 mm。

(7)轮辋外侧辗宽：厂修不得存在；段修为≤5 mm。

15. 轮对支出时，车轮轮辋、辐板、轮毂的外观检查及测量须符合哪些要求？

答：(1)车轮轮辋、辐板、轮毂应无裂纹。

(2)车轮轮辋外侧及辐板上有沿圆周方向的重皮时允许铲除，其铲槽数量、深度及长度必须符合以下要求：

① 车轮的同一半径断面上铲槽数量不得多于3条，整个车轮上铲槽的总长度不得大于300 mm。

② 轮辋外侧面上的沿圆周方向的铲槽深度不得超过5 mm。

③ 辐板上沿圆周方向的铲槽深度不得超过3 mm。

④ 铲槽两端应平滑过渡。

⑤ 车轮轮辋内侧面上不得有铲槽，其他部位不得有径向铲槽。

⑥ 车轮轮毂外径面有重皮时允许打磨，打磨深度不得超过 3 mm，打磨后应保证轮毂厚及壁厚差符合规定。

16. 轮对支出时，轮对内侧距离测量应符合哪些要求？

答：(1)轮辋宽 135 mm 及以上者，轮对最大内侧距离：厂、段修 1 356 mm；轮对最小内侧距离：厂、段修 1 350 mm。

(2)轮对内侧距离三处最大差：厂段修≤3 mm。

17. 轮对支出检查时，车轮直径应符合哪些要求？

答：(1)同一车轮相互垂直的直径差不大于 0.5 mm。

(2)经压装和旋修的轮对两车轮直径差不大于 1 mm。

(提速轮对旋修后不得留有黑皮；非提速轮对旋修后轮缘外侧及踏面部位可局部留有黑皮，但连接部位须平滑过渡。留有黑皮的轮对，两车轮直径差不大于 2 mm。)

(3)非提速轮对未经旋修的两车轮直径差不大于 2 mm。

(4)提速轮对未经旋修的轮对两车轮直径差不大于 1 mm。

18. 轮对支出检查时，车轴外观检查应符合哪些要求？

答：(1)轴身各部位表面应无横向裂纹，轴身上有纵向裂纹，单个长度不超过 60 mm，总数不超过 3 条，并且不在同一断面上。

(2)轴身表面应无打痕、碰伤、磨伤及电焊打火等，如有表面打痕、碰伤、磨伤及电焊打火等，其深度不超过 2.5 mm。

19. 轮对支出检查时，车轴尺寸测量应符合哪些要求？

答：(1)用专用游标卡尺测量轴中央直径、车轴轮座直径，并将测量尺寸填写在轮轴卡片支出尺寸栏。

(2)RE_{2A}、RE_{2B}车轴轴中央尺寸符合 184_{-4}^{0} mm，且轮座直

径符合 210^{+3}_{-6} mm；

RD_2 车轴轴中央尺寸符合 $174^{\ 0}_{-4}$ mm，且轮座直径符合 194^{+3}_{-6} mm。

20. 向车辆安装的轮轴车轮直径差应符合哪些要求？

答：(1)同一转向架最大与最小车轮直径差：

① 装用交叉支撑装置或运行速度为 120 km/h 的转向架：厂修为≤10 mm；段修为≤15 mm。

② 其他型转向架：厂修为≤15 mm；段修为≤20 mm。

(2)同一车辆最大与最小车轮直径差：

① 装用交叉支撑装置或运行速度为 120 km/h 的转向架：厂修为≤20 mm；段修为≤30 mm。

② 其他型转向架：厂修为≤30 mm；段修为≤40 mm。

21. 简述轮对探伤的方式及作用。

答：在轮对检修中，采用的探伤方法为复合磁化荧光磁粉探伤、超声波探伤和湿法磁粉探伤 3 种，在超声波探伤中又分为轮座镶入部探伤和全轴穿透探伤两种。具体有以下 4 项作用：

(1)复合磁化荧光磁粉探伤主要检查车轴的外露表面是否存在裂纹。

(2)轮座镶入部超声波探伤主要检查轮、轴配合处是否存在裂纹等缺陷。

(3)全轴穿透超声波探伤主要检查车轴是否材质不良及内部存在缺陷。

(4)湿法磁粉探伤主要检查车轴加工修理后表面是否存在裂纹。

22. 对轮对施行穿透检查是如何规定的？

答：无轴箱双列圆锥滚子轴承 40 钢车轴的轮对第一次组装时间达到 5 年，50 钢车轴的轮对第一次组装时间达到 6

年,滑动轴承和有轴箱圆柱滚子轴承轮对第一次组装时间达到4年,每次施行段修及厂修时,均须对车轴施行超声波全轴穿透探伤检查。

23. 对轮对施行轮座镶入部探伤检查是如何规定的?

答:无轴箱双列圆锥滚子轴承40钢车轴的轮对第一次组装时间达到5年,50钢车轴的轮对第一次组装时间达到6年,滑动轴承和有轴箱圆柱滚子轴承轮对第一次组装时间达到4年,每次施行段修及厂修时,均须对轮座镶入部施行超声波探伤检查。

24. 对轴颈卸荷槽部位探伤检查是如何规定的?

答:无轴箱双列圆锥滚子轴承40钢车轴的轮对第一次组装时间达到5年,50钢车轴的轮对第一次组装时间达到6年,滑动轴承和有轴箱圆柱滚子轴承轮对第一次组装时间达到4年,每次施行段修及厂修时,如不退轴承时,须对轴颈根部或卸荷槽部位施行超声波探伤检查。

25. 对轮对施行超探的其他规定有哪些?

答:车辆颠覆或重车脱轨(包括客车和机冷车)时,均须对全车轮对的车轴施行全轴穿透探伤检查和轮座镶入部探伤检查。

26. 对不退卸轴承的轮对的探伤,是如何规定的?

答:轮轴不退卸轴承时,须施行两次超声波探伤检查,第二次须采用手工作业方式对全轴施行超声波穿透探伤检查、轴颈根部或卸荷槽施行小角度超声波探伤检查,两次探伤作业不得由同一探伤人员完成。

27. 轮轴检修时,对打开轴承前盖作业的车轴,有何探伤要求?

答:轮轴检修时,凡打开轴承前盖作业的(经外观检查状态良好,需旋轮者除外),须对车轴施行超声波穿透探伤检查和对轴颈根部或卸荷槽部位施行超声波探伤检查。

28. 对轮轴、轮对施行复合磁化荧光磁粉探伤部位是如何规定的?

答:(1)轮轴、轮对在施行段修及以上修程时,车轴外露部位(轮轴如不退卸轴承时,防尘板座及轮座外侧的外露部位除外)。

(2)车辆颠覆或脱轨事故卸下轮对的车轴外露部位。

29. 对车轮辐板孔的探伤有何规定?

答:轮轴、轮对检修时,须对有辐板孔车轮的内侧辐板孔部位施行复合磁化荧光磁粉探伤检查。

5.3 轴承检修岗位

1. 352226X2-2RZ型滚动轴承有何主要结构特点?

答:352226X2-2RZ 型滚动轴承是在原 197726 型滚动轴承基础上改进设计定型的,主要有下列结构特点:

(1)轮廓尺寸与原 197726 型轴承相同,滚子由每列 21 粒减少为每列 20 粒。

(2)轴承采用 EC 设计,滚子端面为球基面,素线采用对数曲线;内圈滚道采取凸度设计,内圈大挡边采用斜挡边。

(3)密封结构采用橡胶迷宫式密封。

(4)轴承套圈采用经电渣重熔方式冶炼的 G20CrNiMoA 渗碳轴承钢,滚子采用经电渣重熔方式冶炼的 GCr15 轴承钢。

2. TBU150型滚动轴承有何主要结构特点?

答:TBU150 型滚动轴承主要有下列 4 项结构特点:

(1)采用密封式双列圆锥滚子轴承。

(2)采用接触式密封装置。

(3)采用整体塑钢保持架。

(4)每列23个滚子,采用全凸度设计。

3. SKF197726型圆锥滚子轴承装置由哪些零部件组成?

答:SKF197726型滚动轴承其圆锥滚子轴承装置由密封座、外圈、滚子、塑钢保持架、中隔圈、内圈、密封罩组件组成。

4. AP150型滚动轴承主要由哪些零部件组成?

答:AP150型滚动轴承主要由下列10种零部件组成:1个外圈,2组内圈及滚子组件(包括保持架),1个中隔圈,1个外密封座,1个内密封座,2组HDL型密封组件,1个后挡,1个前盖,3个轴端螺栓(M24 mm×55 mm),1个防松片。

5. TBU150型滚动轴承主要由哪些零部件组成?

答:TBU150型滚动轴承主要由下列8种零部件组成:1个外圈,2组内圈及滚子组件(包括保持架),1个中隔圈,2个密封座,2组密封罩组件,1个后挡,1个前盖,3个轴端螺栓(M24 mm×55 mm)。

6. 何谓轴向游隙?有何作用?

答:轴向游隙是指轴承内、外圈沿其轴线方向的相互移动量,其作用是避免滚子端部与内、外圈挡边的经常摩擦,保证轴承在转向架倾斜或轮对蛇形运动时正常工作,防止车辆通过曲线时滚子被卡住。

7. 如何测量轴向游隙?

答:(1)轴承转动检查后,将轴向游隙测量器与前盖(或外圈表面)吸住、固定,将千分表触头与外圈牙口部位(或前盖、轴端螺栓)接触,并使千分表有0.4 mm左右预紧力。

(2)双手用力向内拉动轴承外圈,拉力在294~490 N范围。将千分表对零,注意手不得抖动。

(3)双手用力向外推动轴承外圈,推力也在294~490 N范围。此时千分表数值即为轴向游隙值。

8. 滚动轴承常见的外观缺陷有哪些?

答：滚动轴承常见的外观缺陷有下列 17 种：麻点、辗皮、剥离、擦伤、烧附、热变色、腐蚀、微振磨蚀、凹痕、压痕、拉伤、磕碰伤、划伤、裂损、电蚀、表面斑纹、环形条纹等。

9. 无轴箱双列圆锥滚子轴承什么情况下须退卸？

答：无轴箱双列圆锥滚子轴承有下列情况之一者须退卸：

(1)轮轴入铁路货车造修工厂、车辆段车轮车间厂修时的轴承。

(2)轮轴段修时的轴承有下列情况之一者：

① 无标志板或标志板标记不清、打错而导致无法判断轴承首次或末次压装时间。

② 各型新造、大修轴承在 6 个月内达到表 5－1 规定的使用时间或运行里程(使用时间以首次压装时间开始计算)。

③ 各型轴承虽未达到第②项规定，但经外观检查或经轴承诊断装置检测有下列情况之一者：

a. 车轮踏面擦伤、局部凹陷深度达到 1 mm 的轮轴上的钢保持架轴承，深度达到 2 mm 的轮轴上的工程塑料(塑钢)保持架轴承。

b. 车轮踏面剥离、缺损超过运用限度的轮轴上的轴承。

c. 轴承(包括外圈、密封座、密封罩、橡胶油封、前盖、后挡、轴端螺栓等)外观有裂纹、碰伤、松动、变形和其他异状。

d. 轴承密封失效，有甩油、混砂、混水或油脂变质现象。

e. 转动轴承有异音、卡滞或其他不正常现象。

f. 轴承的轴向游隙大于 0.75 mm。

g. 电焊作业导致电流通过轴承。

h. 空车脱轨轮轴的同一转向架上的所有轴承，车辆颠覆或重车脱轨后的全车轴承。

i. 轮轴上遭受水浸或火灾的轴承。

j. 发生热轴故障的轴承。

k. 使用时间达到 20 年的国产 RD_2 型 40 钢车轴上的轴承。

l. 197720 型和 197730 型轴承末次压装使用时间达到 3.5 年。

m. 其他需要退卸的情况。

10. 轴承退卸时有何要求?

答:轴承退卸主要有下列两项要求:

(1)轴承退卸时应保证压力机活塞中心与车轴中心在同一直线上。

(2)轴承退卸时必须采取措施防止磕伤轴颈。

11. 哪些退卸轴承须进行一般检修?

答:退卸后的各型新造轴承、大修、检修轴承未达到第 9 题(2)②规定,须进行一般检修;但剩余寿命小于 6 个月者,只能做一次一般检修。

12. 轴承有哪些情况时,须送轴承大修单位做大修?

答:轴承有下列情况之一者,须送轴承大修单位做大修:

(1)新造轴承压装后达到表 5－1 规定的使用时间或运行里程(自首次压装时间开始计算)。

(2)新造轴承经外观检查和尺寸精度检测,故障、缺陷超过一般检修规定,但又未达到报废条件。

(3)退卸的新造 197726 型钢保持架轴承。

(4)退卸的新造 352226X2－2RZ 型轴承,内圈未经磷化。

(5)已做大修的 197726 型钢保持架轴承须送原大修单位检修和换装工程塑料保持架。

13. 轴承有哪些情况时,须由退卸单位就地报废?

答:轴承有下列情况之一时,须由退卸单位就地报废:

(1)各型大修轴承达到表 5－1 规定的使用时间或运行里程者。

(2)车辆颠覆或重车脱轨后的全车轴承。

(3)由于电流通过引起局部放电而造成斑点、凹槽或槽纹等表面电蚀损伤的轴承。

(4)锈蚀严重,不能正常转动的轴承。

(5)发生燃轴或火灾被损伤的轴承。

(6)外圈破损的轴承。

(7)已做过大修的轴承又出现一般检修无法修复的缺陷。

(8)规定不做大修的轴承出现一般检修无法修复的缺陷。

(9)内、外圈均出现制造、大修单位或年代不清的轴承。

(10)工程塑料保持架从内圈组件上退下或脱落的197726(TN)型大修轴承。

(11)其他无修复价值的轴承。

14. 轴颈外观检查和检测及修程判定,有哪些情况,须送车轮厂修理?

答:(1)轴颈上在距轴颈后肩 50 mm 以外部位,纵向划痕深度大于1.5 mm 或擦伤、凹痕总面积大于60 mm^2,其深度大于1.0 mm 者。

(2)轴颈上在距轴颈后肩 80 mm 以外部位横向划痕深度、宽度大于0.5 mm 者。

(3)轴颈上在距轴颈后肩 80 mm 以内部位存在横向划痕者。

(4)由于密封座和中隔圈所引起的凹陷环带,其深度大于0.05 mm 者。

(5)轴颈锈蚀严重,不能保证轴承压装质量者。

15. 防尘板座外观检查和检测及修程判定,有哪些情况,须送车轮厂修理?

答:防尘板座上存在的纵向划痕深度大于1.5 mm或擦伤、凹痕总面积大于40 mm^2,其深度大于1.0 mm者,送车轮厂修理,并涂打换轴修程标记。

16. 轴端螺栓孔的检查有何要求?

答:(1)轴端面及螺栓孔清洗干净,无污物,有毛刺须清除。

(2)发现螺栓孔有损伤或滑扣时,累计不超过3扣(不得连续);螺纹磨损时,用止规测试,在距轴端面5扣以内止住,并且止规不得有明显晃动(手试),可以使用。反之,须判定送厂检修。

17. 如何测量轴颈直径?

答:(1)测量直径前,须使用洁净棉白细布擦拭轴颈,表面应无油污、灰尘。

(2)轴颈直径为规定两个截面处直径的算术平均值。每一截面须测量三处直径,每处测量位置相距60°,三处直径的算术平均值为该截面处的直径。

(3)第一截面(Ⅰ)位置在距轴端A处;第二截面(Ⅱ)位置在距轴端B处。各型轴的A值均为25~30 mm;RD_2型、RE_{2A}型(RE_2型)、RE_{2B}型车轴的B值分别为130~150 mm、150~170 mm、140~160 mm。

18. 轴颈尺寸限度如何规定?

答:(1)轴颈直径须符合表5-2规定。

表5-2 轴颈直径检修限度表 单位:mm

轮对型别	原型	厂修(A)	段修(B)	备注
RD_2	$130^{+0.052}_{+0.025}$	$130^{+0.052}_{+0.010}$	$130^{+0.052}_{0}$	
$RE_{2A(B)}$	$150^{+0.068}_{+0.043}$	$150^{+0.068}_{+0.025}$	$150^{+0.068}_{+0.020}$	

(2)轴颈圆度:任一断面处的最大与最小直径差值除以2为该轴颈的圆度。厂、段修时不得大于0.015 mm。

(3)同一轴颈两断面直径差=ϕⅡ-ϕⅠ,不得出现负值,允许向轴端部位逐渐减小,同一轴颈直径差不得超过0.020 mm。

(4)超过上述规定限度者,应判定送车轮厂修理,并按规定涂打换轴修程标记。

19. 如何测量防尘板座直径?

答:(1)测量前,须使用洁净棉白细布进行擦拭,表面应无油污、灰尘。

(2)测量时,测量位置在距轴颈后肩5~10 mm处。须测量相互垂直的两处直径,其算术平均值即为防尘板座直径。

20. 防尘板座尺寸限度如何规定?

答:(1)防尘板座直径须符合:RD_2型:原型$165^{+0.085}_{+0.058}$ mm,厂修$165^{+0.085}_{+0.020}$ mm,段修$165^{+0.085}_{+0.010}$ mm。

$RE_{2A(B)}$型:原型$180^{+0.085}_{+0.010}$ mm,厂修$180^{+0.085}_{+0.020}$ mm,段修$180^{+0.085}_{+0.010}$ mm。

(2)防尘板座圆度:为防尘板座相互垂直直径差除以2,圆度须小于或等于0.025 mm。

(3)超过上述规定限度者,应判定送车轮厂修理。

21. 如何测量轴承内径及密封座内径?

答:(1)轴承内径测量位置:353130B(C353130)、CTBU150型轴承距小端面7 mm及距大端面20 mm处;AP150型轴承距端面10 mm处进行测量;其他型轴承距轴承内圈大端面15 mm处测量。

(2)轴承密封座内径测量位置:在密封座内径配合面中间位置处测量。

(3)测量时,同一断面须测量相互垂直的两个内径,其算术平均值为该断面处的直径。

22. 150 型轴承内圈及密封座尺寸限度如何规定?

答:(1)内圈、密封座内径尺寸限度如表 5－3 所示。

表 5－3　150 型内圈密封座内径检修限度表　单位:mm

轴承型号	直　径	新　造	大　修	一般检修
AP150	ϕ150	−0.008 −0.033	≤149.992	
TBU150 SKF353130－2RS	ϕ150	−0.008 −0.034		+0.020 −0.034
TAROL150	ϕ150	0 −0.025	$149.992^{+0.015}_{-0.025}$	+0.005 −0.070
353130A、 353130X2－2RZ、 353130B	ϕ150	−0.008 −0.033	+0.007 −0.033	+0.007 −0.033

注:AP150 型轴承内密封座外径尺寸:原型为 184.475～184.555 mm,大修≥184.420 mm。

(2)轴承内圈单一径向平面内内径的变动量(圆度):≤0.013 mm。(AP150 大修为≤0.075 mm;TAROL150 大修为≤0.018 mm)

(3)轴承密封座单一径向平面内内径的变动量(内径差):≤0.020 mm。

(4)两内圈相互直径差≤0.013 mm。

23. 130 型轴承内圈及密封座尺寸限度如何规定?

答:(1)轴承内圈、密封座内径尺寸限度如表 5－4 所示。

表 5－4　130 型内圈、密封座内径检修限度表　单位:mm

新　造		大　修		一般检修	
ϕ130	−0.025 −0.050	ϕ130	−0.010 −0.050	ϕ130	0 −0.050

(2)轴承内圈单一径向平面内内径的变动量(内径差):新造、大修为≤0.014 mm;一般检修为≤0.030 mm。

(3)轴承密封座单一径向平面内内径的变动量(内径差):新造为≤0.015 mm;大修为≤0.030 mm;一般检修为≤0.080 mm。

(4)两内圈相互直径差≤0.013 mm。

24. 轴承后挡直径检测需注意哪些问题?

答:(1)后挡内径测量:测量位置在后挡内径面中间部位。同一断面相互垂直的两个内径,其算术平均值为该后挡的内径。后挡内径尺寸须符合表5-5规定。

表5-5　轴承后挡内径检修限度表　　单位:mm

轴承型号	限度	
	原型	检修
197726(TN)、SKF197726	$165^{+0.04}_{0}$	$165^{+0.06}_{0}$
TBU150	$180^{0}_{-0.1}$	$180^{+0.04}_{0}$
SKF353130-2RS	$180^{0}_{-0.1}$	$180^{+0.04}_{0}$
TAROL150	$180^{-0.063}_{0}$	$180^{+0.04}_{0}$
AP150	$180^{+0.038}_{-0.026}$	≤180.038
353130A、353130X2-2RZ、353130B	$180^{0}_{-0.1}$	$180^{0}_{-0.1}$

(2)AP150型后挡外径(与内〈后〉密封座外径配合处)应符合下列要求:原型为172.025~172.05 mm;大修为≥172.025 mm。

(3)TBU150型后挡内径(与内〈后〉密封座外径配合处)应符合下列要求:原型为172.22~172.96 mm。

(4)TAROL150 型后挡内径(与内〈后〉密封座外径配合处)应符合下列要求:原型为 180.75~180.85 mm。

(5)后挡内径圆度≤0.10 mm。

(6)后挡护缘内径测量:用前盖、后挡内径检测样板检查,样板须转动一周。通端须进入,止端不得进入。

25. 130 型轴承后挡沟槽深度及翘曲变形有何规定?

答:(1)用深度游标卡尺(或前盖、后挡沟槽深度检查样板)测量沟槽深度须符合以下要求:①新造为 $3.5_{-0.5}^{-0.2}$ mm。②在用件为 $3.5_{-0.5}^{0}$ mm。③加工件为 $3.5_{-0.5}^{0}$ mm,同时护缘高度尺寸不得超过 12.2 mm。

(2)后挡翘曲变形测量:将后挡放在检测平台,检查后挡与平面接触情况,发现有间隙时,用塞尺测量,超过 0.3 mm 时须判定报废。

26. 无轴箱滚动轴承选配有何技术要求?

答:选配轴承内圈、密封座与轴颈配合过盈量时,新造、大修及一般检修轴承的平均过盈量应符合以下要求:

(1)197726(TN)、352226X2-2RZ、SKF197726 型滚动轴承均为 0.05~0.102 mm。

(2)TBU150、SKF353130-2RS 型滚动轴承均为 0.051~0.102 mm。

(3)AP150、353130A、353130X2-2RZ、353130B、TAROL150(大修)型滚动轴承为 0.051~0.101 mm。

(4)新造 TAROL150 型滚动轴承为 0.043~0.093 mm。

27. 选配后挡时有何技术要求?

答:(1)选配后挡时,RD_2 型车轴使用的后挡宽度为 44 mm;RD_{2A} 型车轴使用的后挡宽度为 54 mm。

(2)选配后挡内径与防尘板座配合过盈量时,平均过盈量应符合下列要求:

① 197726(TN)、352226X2－2RZ、SKF197726 型滚动轴承：原型为0.018～0.085 mm；一般检修为0.010～0.085 mm。

② AP150 型滚动轴承为0.020～0.111 mm。

③ TAROL150、TBU150、SKF353130－2RS、353130A、353130X2－2RZ 型滚动轴承：原型为0.018～0.085 mm；353130B 型滚动轴承：原型为0.058～0.185 mm。

28. 密封座与后挡选配有何技术要求？

答：新造或检修后的轴承，后挡与轴承如为一体式时，不进行选配。否则进行测量选配，并符合以下要求：

(1)AP150 型滚动轴承内密封座与后挡的配合过盈量为0.050～0.100 mm。

(2)TBU150 型滚动轴承内密封座与后挡为过盈配合。

(3)SKF353130－2RS 型滚动轴承内密封座与后挡为间隙配合，配合间隙为0.15～0.30 mm。

(4)TAROL150 型滚动轴承内密封座与后挡为间隙配合。

(5)后挡与密封座若为过盈配合，在轴承压装前，须将后挡压装在密封座上。

29. 轴承密封座检修中应注意哪些问题？

答：在轴承一般检修过程中，按要求密封座可不探伤检查，只进行测量、外观磨修等工序；但在实际的检修过程中，时常发现密封座有裂纹的现象，一旦未能发现而组装，将对轴承的使用和车辆运行带来不良后果。因此，在检修中用轻击听音的办法判断密封座是否存在裂纹，如果声音清脆，则是良好，如果声音沉闷发哑，则可能有裂纹存在。

30. 轴承同温存放应符合哪些要求？

答：(1)轴承、后挡、轮对及检测量具须在轴承压装间内同温存放，存放时间不得少于8 h。

(2)轴承、后挡、轮对及量具若不能同室存放，两处存放地点的温度差不得超过5 ℃。

(3)轴承压装间内的温度须保持在10 ℃～30 ℃范围内。

31. 无轴箱滚动轴承压装有何要求?

答:轴承压装前,应进行外观质量检查,确认无错、缺零件和其他异常现象。

(1)同一轮对上须压装同型号的轴承,但以下同一条款所列轴承可压装在同一检修轮对上:

① 353130B(C353130)型、353130A 型和 CTBU150(SKFITALY V OR－7030A)型。

② SKF353130 －2RS(SKFTBU150)型、TBU150(SKFITALYVOR －7032)型、353130X2－2RZ 型、TAROL150/250TVP 808997 型和 AP150 型。

③ 352226X2－2RZ(TN)型、SKF197726 型、AP130 型和197726(TN)型。

(2)轴承压装须采用能打印压装曲线的固定式压装机,压装时保证轮对轴向定位且压装机活塞中心线与轴颈中心线须保持一致。

(3)轴承压装前中隔圈不得偏离轴心位置。

(4)轴承压装过程中应旋转轴承外圈,保持其旋转灵活;卡滞时须停止压装,退卸检查。轴承的压装力及终止贴合压力须符合规定限度,并保压3～5 s。

(5)353130B 型轴承塑钢隔圈组装应做到:

① 塑钢隔圈须使用新品,且外观良好。

② 轴承压装前,将塑钢隔圈与后挡组装,再将其与轴承内圈组装。

③ 轴承压装时,应保证塑钢隔圈、后挡及轴承内圈不分离,避免损坏塑钢隔圈;分离时须严格检查,符合要求方可重新组装和压装。

④ 压装到位的轴承退卸时,塑钢隔圈须报废。

32. 无轴箱滚动轴承关盖有何要求?

答:(1)轴端螺栓须为 35 钢制品并带有锻造的 35 钢标记、制造年标记、制造单位代号标记。

① 螺栓组装前须进行外观检查,螺栓不得有滑扣、弯曲、拉长、裂纹,有锈蚀、毛刺者应清除;螺纹有磨损时用螺纹环规检查。

② 螺栓组装时须在螺纹部位涂少量润滑脂,用智能扭力矩扳机均匀紧固,拧紧力矩须符合规定。

③ 装用 LL 型密封装置的 SKF353130 - 2RS (SKFTBU150)型、装用 LL 型或迷宫式密封装置的 SKF197726 型轴承压装后,轴端螺栓端部须全部涂白色反光油漆。

(2)轴承压装后,轴端须安装新品防松片及标志板,并对轴端螺栓用施封锁施封。

(3) 轴端螺栓紧固后防松片的所有止耳须撬起,每组两个止耳中至少有一个须贴靠在轴端螺栓的六方平面上,防松片只可使用一次。

(4)标志板须使用 0.5 ~1 mm 的软性不锈钢板按图样要求制作,安装时须按规定刻打标记,标记刻打须准确、清晰。

(5)施封锁上须有本单位和制造单位代号,施封锁锁闭后手拉不得开锁。

(6)轴承压装后,须在规定的轴向推(拉)力下检测轴向游隙。

(7)轴承压装后须左右旋转 3 ~5 圈,转动须灵活,不得有卡阻,且须进行磨合测试。

33. 简述常见滚动轴承压装时对压装力,终止贴合力的具体要求?

答:常见滚动轴承压装时对压装力,终止贴合力的具体要求如表5－6所示。

表5－6 常见滚动轴承压装时的对压装力终止贴合力的具体要求

序号	轴承型号	压装力(kN)	压装终止贴合压力(kN)
1	353130B(C353130)、CTBU150(SKFITALY VOR－7030A)	一般检修为68.6～235.2	313.6～352.8
2	353130A、353130X2－2RZ	原型、大修、一般检修均为68.6～245	≥400
3	SKF353130－2RS(SKFTBU150)、TBU150(SKFITALY VOR－7032)	一般检修为68.6～245	421.4～441
4	TAROL150/250TVP808997	大修为88.2～245	大修为445～555
5	AP150	原型≤294，大修为100～294	原型为压装力的1.5倍及以上，大修为400及以上
6	352226X2－2RZ(TN)	原型、大修、一般检修均为78.4～245	大于最大压装力196 kN及以上
7	SKF197726	原型、大修、一般检修均为68.6～245	大于最大压装力196 kN及以上
8	197726(TN)、197726	原型、大修、一般检修均为88.2～245	大于最大压装力196 kN及以上

34. 简述滚动轴承组装前盖对轴端螺栓拧紧力矩的要求？

答：滚动轴承组装前盖时对轴端螺栓拧紧力矩的要求如表5－7所示。

表5－7 滚动轴承组装前盖时对轴端螺栓拧紧力矩的要求

序号	轴承型号	轴端螺栓拧紧力矩(N·m)
1	353130B(C353130)、CTBU150(SKFITALY VOR－7030A)	315～345
2	353130A、353130X2－2RZ	294～304
3	SKF353130－2RS(SKFTBU150)、TBU150(SKFITALY VOR－7032)	390～450
4	TAROL150/250TVP808997	250～270

续上表

序号	轴承型号	轴端螺栓拧紧力矩(N·m)
5	AP150	340～365
6	352226X2－2RZ(TN)	216～226
7	SKF197726	216～226
8	197726(TN)、197726	216～226

35. 简述常见滚动轴承压装后对轴向游隙的具体要求？

答：常见滚动轴承压装后对轴向游隙的具体要求如表5－8所示。

表5－8　常见滚动轴承压装后对轴向游隙的要求

序号	轴承型号	压装后的轴向游隙(mm)
1	353130B（C353130）、CTBU150(SKFITALY VOR－7030A)	一般检修轴承为0.05～0.45
2	353130A、353130X2－2RZ	原型、大修轴承为0.10～0.50，一般检修轴承为0.10～0.54
3	SKF353130－2RS(SKFTBU150)、TBU150(SKFITALY VOR－7032)	一般检修轴承为0.05～0.54
4	TAROL150/250TVP808997	大修轴承为≤0.5
5	AP150	原型为0.060～0.498，大修为0.060～0.496
6	352226X2－2RZ(TN)	原型、大修轴承为0.075～0.50，一般检修轴承为0.075～0.54
7	SKF197726	原型轴承为0.025～0.508，大修、一般检修轴承为0.025～0.540
8	197726(TN)、197726	原型轴承为0.075～0.500，大修、一般检修轴承为0.075～0.540

36. 滚动轴承压装后的磨合测试应符合哪些要求？

答：(1)轴承压装后及单端不退轴承必须进行磨合。

(2)轴承压装后的磨合转速不得少于200 r/min。

(3)轴承磨合时间不得少于5 min。

(4)轴承磨合后应由轴承密封罩一端开始连续测量到另一端密封罩处,测温头距探测面距离不得超过50 mm,任何一处的温度不得超过外温加40 ℃的规定,正常情况下密封罩处的温度比外圈低。超过外温加40 ℃时,退卸轴承,分析原因。

(5)轴承磨合中不得有异常震动音响。

37. 轴承检修中使用的量具校验有何要求?

答:检修中使用的量具须按规定期限及标准校对、检定,检定合格贴合格标识。

38. 轴承检修中使用的量具保管应注意哪些事项?

答:(1)各种量具应经常保持清洁,使用完毕应擦拭干净,再放回原存放盒内或存放柜内存放。不能随意乱放,更不许与其他工具混放。

(2)存放量具的地点应干燥,无灰尘。

(3)各种量具应远离磁场,防止量具被磁化。

39. 使用外径千分尺测量工件时应注意什么?

答:(1)使用前,固定测头和活动测头应使用洁净布擦拭干净,不应用手触摸。

(2)使用前,使用标准杆校对千分尺的零位,如有误差,检查是否超过量具规定范围,合格方可进行测量。

(3)测量工件前,应清除工件表面的毛刺,并将测量面擦拭干净。

(4)测量时:①工件应安放平稳;②一手拿弓形杆,另一手操纵棘轮;③固定测头和活动测头的距离要大于被测工件的外径;④接触工件时,固定测头要先接触并固定不动,后旋转棘轮使活动测头与工件接触;⑤上下或左右移动活动测头,找出最大直径位置(即千分尺的刻轴中心线与工件最大直径线重合),旋转棘轮发出声响时,停止转动棘轮;⑥将锁紧装置旋紧,取下千分尺即可读出测量结果。

40. 轴承压装的质量保证内容有哪些?

答:(1)轴承自压装之日起,在1个段修期内出现轴承压装松动等压装问题时由轴承压装单位负责。

(2)由于压装质量问题而造成的行车事故,由压装单位承担事故责任。

41. 轴承外观检查的质量保证有哪些?

答:货车段修时,经外观检查确认良好而不需退卸的轴承,可继续装车使用,并由装车单位承担3个月的外观检查质量保证责任。

42. 如何进行轴承的转动检查?

答:(1)将故障诊断仪(器)探头与前盖或后挡密贴,用双手正反各转动外圈3~5圈,检查轴承转动是否灵活,感觉是否有卡阻现象。耳听是否有异音等异常现象。

(2)用双手向上托住外圈并正反各转动外圈3~5圈,检查轴承转动是否灵活,感觉是否有卡阻现象,耳听是否有异音等异常现象。

5.4　轮轴旋修岗位

1. 轮对厂修、段修时,有哪些情况需加工修理?

答:轮对厂修、段修时,有下列情况之一者加工修理:

(1)车轮踏面剥离、擦伤、局部凹陷、碾宽、圆周磨耗超限及裂纹、缺损、粘有熔化金属。

(2)车轮轮缘厚度超限或轮缘垂直磨耗超限,轮缘缺损、裂纹、碾堆。

(3)同一轮对的两车轮直径差超限。

(4)同一车轮相互垂直的直径差超限。

(5)轴颈、防尘板座及轴领有一处尺寸超限。

(6)轴颈及防尘板座裂纹,表面有磕伤、碰伤、拉伤、划伤、凹痕、锈蚀、菱形、鞍形、鼓形及螺旋波纹等状态。

(7)轴颈踱粗。

(8)轴身裂纹,表面有打痕、碰伤、磨伤及电焊打火等状态。

(9)轴端螺栓孔或装用大螺母的轴端螺纹损伤,不能起紧固作用。

(10)中心孔损伤影响加工定位。

(11)同一车轮踏面与轴颈面的距离在同一直径线上测量的两点相差超限。

(12)出现其他需要加工修理的缺陷。

2. 轮对旋修前检查、测量的内容有哪些?

答:(1)首先确认轮对车轮轮辋内侧旋修标记,并将轮对左端轮对型号、轴号、车轮材质抄录至"车轮加修记录簿"(辆货统—422)。

(2)用轮径尺测量左右车轮踏面直径,用第四种检查器测量左右轮缘厚度、圆周磨耗,并填写至"车轮加修记录簿"(辆货统—422)。

(3)检查车轮踏面及轮缘有无剥离、擦伤(局部凹下)、缺损、裂纹、碾宽等故障,发现时须测量尺寸后填写至"车轮加修记录簿"(辆货统—422)。检查时应全面。

(4)根据车轮外观检查、尺寸测量,找出旋修原因,并确定旋修方式(旋修量)。

(5)设置旋修轮对的轮径、轮缘厚度尺寸并输入机器。

(6)如发现旋后轮对轮辋厚度小于规定限度,判定返厂检修,并在轮辋内侧粘贴段代号不干胶标签。

3. 旋修前轮径尺寸坐标如何校对?

答:(1)每日开工前,根据车床数控系统操作规程要求,找好轮径绝对坐标。

(2) 每日旋修第一条轮对后，测量轮径须与设置的轮径一致，不一致时，须重新调整。

(3) 每日第一条旋修轮对检查、测量符合要求，检查人员须在备注栏签章确认。

4. 轮对旋修须注意哪些问题？

答：(1) 将轮对推上车床的油压千斤顶。按下千斤顶上升按钮，使轮对升至车轴中心孔与顶针中心线水平；松开按钮，再按下顶针向前按钮，顶到轴端顶针孔时压力升到设置压力时，卡爪自动升出卡紧，千斤顶自动下降到设置位置。

(2) 启动车床旋修轮对，旋修时选择合适的进刀量(进刀量要小)，保证踏面旋后粗糙度符合要求。

(3) 轮对夹紧时，注意不得损伤轴端面及中心孔。

5. 旋修轮对后，如何进行车轮外观检查？

答：检查车轮踏面及轮缘无裂纹、缺损、剥离、擦伤、局部凹陷等缺陷。

6. 旋修轮对后，车轮直径应符合哪些要求？

答：(1) 同一车轮相互垂直的直径差不大于 0.5 mm。

(2) 经压装和旋修的轮对两车轮直径差不大于 1 mm。

提速轮对旋修后不得留有黑皮；非提速轮对旋修后轮缘外侧及踏面部位可局部留有黑皮，但连接部位须平滑过渡。留有黑皮的轮对，两车轮直径差不大于 2 mm。

(3) 非提速轮对未经旋修的两车轮直径差不大于 2 mm。

(4) 提速轮对未经旋修的轮对两车轮直径差不大于 1 mm。

7. 旋修轮对后，踏面及轮缘须符合哪些要求？

答：(1) 踏面圆周磨耗：段修为≤5 mm，厂修为≤3 mm。

(2) 轮缘厚度：段修为≥26 mm，厂修为≥28 mm。

(3) 轮缘高度：踏面及轮缘旋修后轮缘高度为：(27 ±

1)mm。

(4)使用粗糙度检查仪(或粗糙度比较样板)测量,加工部位的表面粗糙度须达到 Ra25 μm。

8. 轮辋厚度的检修限度是如何规定的?

答:厂修不得小于 30 mm,段修不得小于 28 mm。

9. 车轮表面缺陷处理的技术要求是什么?

答:(1)车轮轮辋外侧及辐板上有沿圆周方向的重皮时允许铲除,其铲槽数量、深度及长度必须符合下列要求:

① 车轮的同一半径断面上铲槽数量不得多于 3 条,整个车轮上铲槽的总长度不得大于 300 mm。

② 轮辋外侧面上沿圆周方向的铲槽深度不得超过5 mm。

③辐板上沿圆周方向的铲槽深度不得超过 3 mm。

④ 铲槽两端应平滑过渡。

(2)车轮轮辋内侧面上不得有铲槽,其他部位不得有径向铲槽。

(3)车轮轮毂外径面有重皮时允许打磨,打磨深度不得超过 3 mm,打磨后应保证轮毂壁厚及壁厚差符合规定。

10. 说明 LLJ-4A 型车轮用第四种检查器有哪些测量功能?

答:(1)测量车轮踏面圆周磨耗深度。

(2)测量车轮轮缘厚度。

(3)测量车轮轮缘高度。

(4)测量车轮轮辋厚度。

(5)测量车轮轮辋宽度。

(6)测量车轮外侧辗宽。

(7)测量车轮踏面擦伤深度。

(8)测量车轮踏面擦伤长度。

(9)测量车轮踏面剥离深度。

(10)测量车轮踏面剥离长度。

(11)测量车轮轮缘垂直磨耗。

11. 如何使用第四种检查器(LLJ－4A)测量车轮踏面圆周磨耗?

答:首先将踏面圆周磨耗测尺尺框车轮滚动圆刻线(14)与主尺背面上的车轮滚动中心定位刻线(12)对齐,拧紧踏面圆周磨耗尺框紧固螺钉(5),将踏面圆周磨耗测尺(3)推向最上方,再将轮缘厚度测尺(9)推向最右侧。然后将车轮检查器放在车轮踏面上,其尾端垂直于车轴中心线,使踏面磨耗测量定位面(4)与轮缘顶部接触,推动踏面磨耗测尺(3)使其测头接触车轮踏面,读出踏面圆周磨耗测尺(3)上刻线与踏面圆周磨耗尺框(2)刻线相重合的数值,即为踏面圆周磨耗数值。

12. 如何使用第四种检查器测量轮缘厚度?

答:首先将第四种检查器置于测量车轮踏面圆周磨耗的位置,然后推动轮缘厚度测尺(9)使其测头(15)接触轮缘,读出轮缘厚度测尺(9)上刻线与轮缘厚度尺框(10)刻线相重合的数值,即为轮缘厚度数值。

13. 如何使用第四种检查器测量轮辋厚度?

答:首先测出车轮踏面圆周磨耗数值,然后读取轮辋内侧边缘与轮辋厚度测尺(8)内侧刻度线对应的数值,再减去踏面圆周磨耗值即为轮辋厚度数值。

14. 如何使用第四种检查器测量踏面擦伤或局部凹入深度?

答:移动踏面圆周磨耗尺框(2)和踏面圆周磨耗测尺(3)时踏面圆周磨耗测尺(3)的测头对准踏面擦伤、剥离或局部凹入部位最深处,拧紧踏面圆周磨耗尺框紧固螺钉(5),读出踏面圆周磨耗测尺(3)上刻线与踏面圆周磨耗尺框(2)刻线相重合数值,然后沿车轮圆周方向移动主尺(1)测量同一圆周未擦伤、剥离或凹入部位的踏面磨耗深度,两个数值相减即为踏面擦伤或局部凹入深度。

15. 如何使用第四种检查器测量踏面擦伤、剥离或局部凹入长度?

答:用轮辋厚度测尺(8)的外刻线沿圆周方向测量擦伤、剥离或凹入处的长度,即为踏面擦伤、剥离或凹入长度。

16. 如何用车轮直径检查尺测量车轮直径?

答:先将检查尺杆 1 上任意一端的滑尺固定,然后移动另一端滑尺,将检查尺从轮背内侧放在车轮上,滑尺的平面 A 须与轮背内侧面贴紧,保证滑尺尖端处于踏面基线位置,调整活动滑尺尖端 B ,使其与踏面接触,将检查尺中段距离与两端数字相加,即为该车轮直径尺寸。同一车轮须测量三处,最大数值与最小数值之差,即为轮径差。

17. 如何使用轮对内距尺测量轮对内侧距离?

答:(1)测量时,尺杆平行于车轴中心线。

(2)使固定卡爪 B 贴紧另一轮缘内侧面。

(3) 移动游标卡爪 A 贴紧另一轮缘内侧面。

(4)拧紧紧固螺钉 D。

(5)读出游标刻线对应的 C 尺上的尺寸。

18. 如何做好量具的保养?

答:(1)量具使用前必须用柔软棉纱或破布擦拭干净。

(2)不能用精密量具去测量毛坯或粗糙的加工表面。

(3) 不能用量具测量旋转的工件。

(4)测量时不能用力过大,也不能测量高温工件。

(5)不能把量具当其他工具使用。

(6) 不能用脏油清洗量具或给量具加注脏油。

(7)计量器具要定期校验。

(8)量具使用完后要放在量具盒内。

19. 什么是数控？什么是数控机床？数控机床有哪些优点？

答:数控即数字控制技术,通常是指用数字指令控制机械动作的技术。由于数控是与机床控制密切结合而发展起来的,因此现在人们通常所讲的“数字”就是指“机床数控”,用这种控制的机床称为“数控机床”。它是综合应用了计算技术、自动控制精密测量和机床设计的新技术而发展起来的一种新型机床。

与普通机床相比,数控机床有以下主要优点:

(1)适应性强。

(2)产品精度高。

(3)生产率高。

20. C8011B 型车轮车床由哪几部分组成?

答:C8011B 型车轮车床由床身、床头箱和尾座、左右仿形刀架、千斤顶、电气系统及液压系统等部分组成。

床身是车床的基础部件,床头箱、尾座、左右仿形刀架、千斤顶及液压装置都安装在床身上。床身两端的下部是液压和油润系统的油池,通过床身中部的油挡将两端的油池连通。床身的上部还设有轨道,以输送轮对。

21. 叙述 C8011B 型数控车轮车床的操作规程。

答:(1)经培训考试合格,持有设备操作证者,方准进行操作。操作者必须熟知其结构、性能、操作方法,严格遵守有关安全操作、交接班等制度。

(2)工作前应严格遵守机床润滑规定进行注油,并保持油量适当,油路畅通,油标(窗)醒目,油杯、油线、油毡等清洁。

(3)检查各部状态良好,空运转10 min左右,确认各运转正常后再开始工作,在工作中如发现运转不正常,传动中有异响和轴承油温沮升过高,应停车排除。

(4)刀具的装卡要正常紧牢,伸出部分不宜过长,垫片要平直,大小相同,一般不超过两片,禁止用钝刀具进行切削。

(5)吊装轮对前应先擦净顶尖及孔,并涂上润滑油,要合理使用吊具和吊装方法,注意平衡、安全,防止轮对和吊钩碰、撞、砸车床,不许在车床上敲击校直工件和刀具。

(6)车床在运行中禁止变速(液压传动允许变速部位除外),并注意各机械互锁装置及快 速手柄是否良好,销钉、螺钉、定位销是否有松动、失灵。

(7)主轴和尾座锥孔内禁止安装与其锥度不符或锥面有毛刺、不清洁的顶尖。

(8)要使刀架快速移动,必须先将自动进给的棘轮爪放在空挡位置,如遇操纵手柄不动时,不要强行扳动、敲、打,应仔细检查处理。

(9)禁止一个人操作两个刀架,两人操作时应做好呼唤应答,不得在车床上放置任何工卡量具及杂物,工卡量具应放在工具箱或工具盘上。

(10)切削刀具未脱离工件时,不得停车。

(11)车床在运转中,操作者不得离开,离开时必须停车并拉开电源开关,重新启动时,须先认真检查各部手柄位置及工件无异状,无松动后方准开车。

(12)操作车床加装的数控系统时,要轻点轻按屏板各按键开关,严格按操作程序进行操作。

(13)数控系统设置的相关程序不得随意修改。

(14)车床在运行中发生停电或其他故障停机,在判明原因、再次启动时,必须将操作手把及电气开关恢复到起始位置，并检查刀具、刀头是否有损伤，必要时更换刀头。

(15)工作后，必须检查、清扫设备，做好日常保养工作，并将各操作手柄(开关)置于空挡(零位)，关闭电源，达到整齐、清洁、润滑、安全。

22. C8011B 型车轮车床的润滑系统及注意事项。

答：床头和尾座的主轴、齿轮及轴承等均由齿轮油泵经分油器进行润滑。润滑顶尖套筒内的滚动轴承时，应卸下顶尖。向顶尖套筒的空腔内灌入机油，注意不要使之外溢，然后装上顶尖。

刀架下部溜板箱内的传动系统，由设在箱内的柱塞式油泵润滑。仿形的电磁离合器齿轮及滚动轴承则用二硫化钼润滑剂进行润滑。这里必须注意，离合器的摩擦片不许润滑。

刀架上部的齿轮、螺母和轴承等，由设在刀架侧面的手拉油泵进行润滑。

23. 怎样维护和保养机床？

答：了解机床的零件、部件、机构和它们之间的相互关系，正确使用机床，熟悉机床各加油孔并按时给油。

工作中不许在机床滑动面上敲击物件，不许在床面上放置工具，经常保持机床清洁，不使机床空转，在任何情况下不开车变换转数，工作时不离开机床，不用钝车刀继续切削，不任意装拆机床部件与电气设备。

24. 使用设备要求“两定”、“三包”的内容是什么？

答：两定：定人、定设备；三包：包使用、包保养、包保管。

25. 要求设备操作人员做到的“三好”、“四会”内容是什么？

答：三好：管理好、使用好、养修好；四会：会使用、会养修、会检查、会排除故障。

26. 加工材质较硬或擦伤、剥离及磨耗严重的车轮时，应

注意什么?

答:加工材质较硬的车轮,容易使车刀增加切削力;加工擦伤、剥离及磨耗严重的车轮,容易使车刀发生冲击和震动,以至烧坏刀尖和打坏刀头。因此,要选用较低的机床转速和强度较高的车刀进行旋修加工。

27. 加工材质较软的铸钢整体车轮和轮径较小的辗钢整体车轮以及擦伤、剥离、磨耗不严重的车轮时,应注意什么?

答:加工材质较软的铸钢整体车轮和轮径较小的辗钢整体车轮以及擦伤、剥离、磨耗不严重的车轮时,由于车刀的切削力较小,切削速度较低,切削平稳无冲击震动,不容易烧坏刀尖和打坏刀头,因此,可选用较高的机床转速和韧性较好的车刀。

28. 怎样根据擦伤、剥离及磨耗情况,确定加工方法。

答:对擦伤、剥离以及磨耗严重的车轮踏面和轮缘,必须先进行粗车加工,把所有缺陷全部旋修掉,使轮缘踏面基本恢复原型后,再进行精车加工。

对擦伤、剥离以及磨耗较小的旧车轮和踏面外形不符合技术要求的新车轮,均可采用一次精车的方法进行加工。

29. 如何防止车轮圆度超差的产生?

答:旋修轮缘踏面时,必须以车轴两端的顶针孔为中心;旋修后的轮缘踏面必须和车轴成同心圆。因此,在旋修过程中应该注意以下几点:

(1)两顶针孔必须顶卡严密。

(2)顶针孔内不许有脏物、飞刺或变形。

(3)两车轮外侧面的卡具受力应均匀,不要有松有紧。

30. 公制长度单位、英制长度单位及公英制长度单位如何换算?

答:公制长度单位:1 m = 10 dm　1 dm = 10 cm　1 cm = 10 mm

英制长度单位:1 ft = 12 in　1 in = 8 分

公英制长度单位换算:1 in = 25.4 mm　1 分 = 3.175 mm　1 mm = 0.039 37 in

6 铆工岗位

1. C80 型车有何主要用途和结构特点？

答：C80 型铝合金运煤敞车主要结构特点有下列 5 项：

（1）该车体为钢铝双浴盆铆焊结构，钢结构之间采用焊接，钢与铝、铝与铝之间采用铆接，其铆接部位均采用 HUCK 连接器进行连接，主要由底架、侧墙、端墙和撑杆等组成。车体钢结构材料采用屈服强度为 450 MPa 的耐大气腐蚀钢；车体铝型材采用 6061 - T6（$\sigma_s \geqslant 240$ MPa），铝板材采用 5083 - H321（$\sigma_s \geqslant 215$ MPa）。该车底架由中梁、侧梁、枕梁、端梁、纵横梁、地板、挡板、浴盆等组成。中梁采用槽型冷弯型钢与下盖板、下翼缘等组焊而成，浴盆内部中梁表面采用铝合金板包覆；枕梁为双腹板箱形变截面结构；侧梁采用冷弯槽钢与铝型材铆接结构；采用材料为 C 级钢的整体式上心盘（直径为 $\phi358$ mm）及整体式冲击座。侧墙由上侧梁、侧柱和侧板等铝材铆接而成，上侧梁、侧柱等梁柱为铝合金挤压型材。端墙由上端梁、端柱、角柱和端板等铝材铆接而成，其上各梁柱均为铝合金挤压型材。为增强两侧墙及侧墙与底架之间的连接刚度，车内设有撑杆，撑杆为铝合金挤压型材。

（2）空气制动装置采用制动主管压力能满足 500 kPa 和 600 kPa 的空气制动装置。主要由 1 个 120 阀、2 个 203 mm × 254 mm 旋压密封式制动缸、2 个 ST2 - 250 型闸瓦间隙自动调整器、直端球芯折角塞门、KZW - 4GCD 型空重车自动调整装置、不锈钢管系及压紧式管接头、编织制动软管总成等 8 种零部件组成。预留安装 ECP 电空制动装置和 120 阀常用制动加速阀的空间。

(3)人力制动装置装用 NSW 型手制动机。

(4)车钩缓冲装置装用 16 号、17 号车钩和 MT－2 型缓冲器。

(5)转向架装用转 K5 型或转 K6 型,装用转 K5 型者为 C_{80H}型,装用转 K6 型者为 C_{80}型。

2. 货车修理铆接时,对基础面及铆钉孔径有何要求?

答:货车修理铆接时,对基础面及铆钉孔径有下列 3 项要求:

(1)车辆进行铆接修理作业之前,须将铆接的零件的接触面上的毛刺及污物除掉,然后在零件相互接触的表面上,涂以防锈漆。

(2)铆钉孔不得有裂纹或缺口。

(3)铆钉孔径检修要求:

当杆径小于 ϕ16 mm 时,最大孔径为杆径加 2 mm;

当杆径为 ϕ16 ~ 20 mm 时,最大孔径为杆径加 2. 5 mm;

当杆径不小于 ϕ20 mm 时,最大孔径为杆径加 3. 5 mm;

当孔径超差时,允许焊后铣孔或堵孔重钻(指可焊性钢材)。

3. 为何不允许用氧—乙炔焰直接切割铆钉孔?

答:因为铆钉孔用氧—乙炔焰切割有以下 3 种质量缺陷和危害:

(1)铆钉孔是按孔的公差规定和按钻孔或铣孔的精度要求加工的,用氧—乙炔焰直接切割铆钉孔精度无法达到 TB 1584 中规定的公差要求。

(2)母材局部受高温加热后,使金相组织发生变化,在动载荷作用下易产生裂纹。

(3)切割后,孔边呈锯齿形,容易产生应力集中而导致母材裂纹。

4. 什么是冷铆?什么是热铆?

答:铆钉在常温状态下的铆接称为冷铆。铆钉一般用低碳钢制成,冷铆之前,须进行退火处理。

将铆钉预先加热后的铆接称为热铆。

5. 钢铆钉的铆接温度是多少?多大规格的铆钉可冷铆?

答:(1)钢铆钉铆接前应加热至800 ℃~1 100 ℃,铆接过程应在500 ℃以前完成。

(2)铆钉直径不大于ϕ10 mm时可冷铆。液压冷铆时,铆钉直径不大于ϕ12 mm。

6. 说明铆钉铆补作业方法?

答:铆钉铆补作业方法主要如下:

(1)将铆钉加热至800 ℃~1100 ℃(呈黄色或淡黄色)均匀烧透,加热时间尽量缩短,以免氧化,如过热发生火花时,不能使用。

(2)将加热好的铆钉插入钉孔,用顶把顶压铆钉头。然后用铆钉机在孔周围震击数下,使钉嵌入密着,消除间隙,动作要迅速。

(3)铆钉先要镦粗,打击钉头力量不可过大,在操作过程中,顶具、铆钉机、铆钉孔要在同一中心线上,垂直于工件,顶杆镦粗充满钉孔,防止镦粗之前将铆钉打歪。

(4)钉头形成后,加大打击力,将铆钉机绕铆钉中心线成15°角倾斜转打1周,以形成圆滑的顶头,最后将铆钉机移到中心击打,使钉头四周密封。

7. 说明铆钉铆补作业注意事项?

答:(1)按铆补工件形状对称施铆。

(2)做到“四不铆”,即:铆钉烧得温度不够或过烧不铆,顶不好不铆,风压不足不铆。

8. 铆钉有冷捻或烤铆的情况时,为何必须更换铆钉重铆?

答:铆接件接触不良时,允许烤修,但铆接后的不良铆钉,不得用冷捻或烤铆的方法进行修正。因为松动的铆钉经过冷捻,似乎紧了,但这是假象,冷捻结果非但铆钉松依然存在,还会将铆钉头部刻伤,运用中易使铆钉头脱落。铆钉松动意味着钉杆与钉孔未涨饱满。烤铆只能对钉头进行加热,铆钉杆并没有加热,也就不可能使钉杆与钉孔涨饱满不松动。由于铆钉部加热容易产生铆钉头过烧,热应力过大,造成铆钉裂纹和断裂。

9. 新制的钢板压型件与新型钢件铆接有何要求?

答:新制的钢板压型件与新型钢件铆接后,局部缝隙(指翘边)不大于 1 mm,但用 0.5 mm 厚的塞尺检测不得触及铆钉杆。

10. 车辆修理时铆接件用螺栓或点焊定位有何规定?

答:铆接件用螺栓紧固时,数量不少于总孔数的 25%,应均匀分布。对可焊性的钢材,允许将铆接件夹紧后用定位焊紧固(心盘不允许用定位焊紧固),定位焊长度不大于30 mm,定位焊部位应便于检修。不便于检修部位的定位焊应铲除。定位焊不应有咬肉现象,如有咬肉但深度不大于 0.5 mm 时,允许不进行修补。

11. 怎样加热铆钉?

答:炉内应同时分放数排铆钉,钉帽必须向两侧排放,帽端稍高一些,倾斜角为 15 ~ 20°,取出一排铆钉后,再在原位置上添加一排铆钉。铆钉应进行焖火加温,要小开风门,不能为了缩短铆钉加热时间而大开风门,目的是要防止钉杆前端呈鲜明白色闪光的过热状态,又不使钉帽呈暗红色(温度不够)。

12. 使用铆钉枪应注意哪些事项?

答:(1)长时间停止工作时,应关闭风路,取出活塞。

(2)铆好一个钉暂时停止工作时,应用右手食指钩住枪机下部,以免无意中碰下枪机。

(3)铆钉枪用完拆除风管接头时,应首先关闭风阀。

(4)取拿风枪时,手指应挡住风门,并禁止将风筒抬起。

(5)使用铆钉枪冲眼,在将要穿透时应将枪机开得很小,使活塞运动速度减慢。

13. 说明铆铆钉时的操作程序?

答:(1)铣孔(又叫铰孔)或钻孔,铆钉孔直径与铆钉直径配合适当。

(2)烧钉(铆钉加热),加热温度应合适。

(3)穿钉,动作要迅速而准确,使铆钉在高温时铆接。

(4)顶钉,迅速用顶把将铆钉头顶住,以便进行铆接。

(5)铆铆钉,是利用铆钉枪连续击打铆窝头,使铆钉杆镦粗而形成铆钉头。

14. 对新铆装的铆钉质量有哪些要求?

答:(1)用检点锤敲打钉头不得有松动。

(2)钉帽周围不得有间隙。

(3)铆钉头不得有裂纹。

(4)铆钉头刻伤深度不得超过0.1 d。

(5)镦头中心与铆钉杆中心偏移,不得露出铆钉孔。

(6)镦头边缘缺肉左右宽度之和≤0.2 d,高度≤0.15 d。

(7)镦头周围帽缘其厚度不超过0.2 d,其宽度不超过0.25 d。

(8)镦头周围铆接件的刻伤限度见表6-1:

表 6-1 镦头周围铆接件的刻伤限度 单位:mm

铆钉杆直径 d	刻伤深度 c
6~8	≤0.2
10~14	≤0.5
16~20	≤0.7
22~27	≤0.8

15. 铝合金车体检修的技术要求有哪些?

答:(1)车体采用的铝合金板材材质为:5083-H321,铝合金型材材质为:6061-T6,底架钢结构采用的钢板材质为:Q450NQR1,中梁材质为:YQ450NQR1,整体上心盘及冲击座材质为:C级铸钢;更换新件及修补时应采用相同材质的材料。

(2)铝合金材料的焊接应执行铝合金材料焊接工艺,Q450NQR1、YQ450NQR1等高强度耐候钢及C级铸钢的焊接应执行相应焊接工艺。

(3)车体的铝合金件之间及铝合金件与钢制零部件间应采用专用拉铆钉连接或采用铝合金铆钉铆接,并采用冷铆。更换新件时,原装用专用拉铆钉的部位应装用专用拉铆钉,铝合金铆钉的部位可用专用拉铆钉代替。

(4)专用拉铆钉应符合专用技术条件的要求,其表面应具有防电化腐蚀涂层;专用拉铆钉的铆接应采用专用设备,执行专用拉铆钉铆接工艺。

(5)专用拉铆钉铆接后零部件的接触面间应接触严密,在距铆钉中心50 mm范围内用厚0.5 mm塞尺测量,不应触及铆钉杆,触及时应更换铆钉重新铆接。

(6)换件修时,在钢材质的零部件与铝合金材质的零部件相接触的部位均应安装防电化腐蚀专用胶带。

(7)施修与铝合金材质相接触的钢材质零部件时,应避免损坏其间的防电化腐蚀专用胶带,损坏时应重新安装。

(8)铝合金件调修时应采取冷调方式,调修与铝合金件相连接的钢材质零部件时,应分解后调修。

(9)铝合金材料的表面不应采用强酸或强碱溶液进行清洗,可采用中性清洗液按比例配比,用清水稀释后清洗,清洗后应用清水将表面清洗液擦净,并检查未留有残液;铝合金材料上涂打的油漆标记,可以采用除漆剂去除。

(10)采取换件修或铆接补板时推荐采用配钻铆钉孔方式。标记直径 $\phi16$ mm 专用拉铆钉的铆钉孔应为 $\phi17^{+0.46}_{-0.60}$ mm,标记直径 $\phi12$ mm 的专用拉铆钉的铆钉孔应为 $\phi14^{+0.28}_{-0.90}$ mm,同一铆钉孔对多个零部件进行组装时,各铆钉孔的最大错位量应小于2.5 mm。

16. 首次使用专用拉铆钉铆接设备应注意什么?

答:(1)操作人员应经过培训后才能使用专用拉铆钉铆接设备。

(2)首次使用时,将符合要求的液压油装入油箱中,约 0.006 m^3,直到液压油的水平面在测量尺(3~2)槽之间。每次使用前要检查油箱中的液压油容量应符合要求。

17. 作业前对液压站的检查是如何规定的?

答:(1)检查液压站的"拉伸"和"返回"压力是否调整到符合它的使用范围。2 600 系列专用拉铆枪,最大拉伸压力 3.93×10^7 Pa,最大的返回压力 1.93×10^7 Pa。

(2)检查所有的气动及液压软管、电线、液压站,不应损坏及泄露;如存在上述现象,不应将电源接通使用,否则会导致严重的人身伤害。

(3)在将设备接通电源之前,要保证所有的气动、液压软管及电源插头、插座正确连接。

18. 使用拉铆枪有何规定?

答:(1)按照待铆的专用拉铆钉选择枪头。

(2)按照液压拉铆枪使用说明书的要求调整压力。

(3)检查枪头应符合专用拉铆钉的规格要求。

(4)将拉铆枪的控制开关电缆连接到液压站。

(5)液压站电源接通后打开开关,先按压扳机 30 s,再按压扳机几次使拉铆枪液压油循环。观察拉铆枪的反应,应无漏油。

19. 专用拉铆钉的铆接顺序及要求。

答:(1)将专用拉铆钉放入工件中。

(2)将套环套入专用拉铆钉上。

(3)检查工件,专用拉铆钉尾部应露出足够的长度供枪头夹紧。

(4)将枪头面向套环推到枪头的砧座顶住套环,拉铆枪及枪头应与工件成垂直。

(5)按动扳机,开始拉铆工作。

(6)当枪头砧座向前运动停止且专用拉铆钉尾拉断时,松开扳机;拉铆枪进入返回行程,推开已安装的紧固件并排出专用拉铆钉尾部。

(7)准备进行下一个工作循环。

(8)操作者应戴防护眼镜。

(9)不要直视拉铆枪的前、后端。

(10)按压铆枪的扳机后手不要在枪头周围握着拉铆枪。

(11)在用手拿拉铆枪零部件过程中要保持手及枪头中孔隙的清洁。

20. 使用专用拉铆钉铆接设备的安全注意事项。

答:(1)正常的拉铆和返回压力是设备正常工作的保障,否则会发生人身伤害或设备损坏。

(2)在接通电源线及打开开关前,应确保液压软管已正确连接,防止出现人身伤害。

(3)每次使用前应检查拉铆枪有无损坏或磨损,损坏或磨损时不应使用。

(4)修理时,在管与液压站分离之前,应先切断电源,以免造成严重的人身伤害。

(5)不应拆卸任何安全挡板。

(6)不应在无工件的情况下进行铆接,避免发生紧固件射出造成人身伤害。

(7)不应将拉铆枪作为手锤使用。

7 锻工岗位

1. 金属材料的机械性能包括哪些内容？

答：金属材料的机械性能包括强度、塑性、韧性、硬度等。

2. 钢和铁的定义分别是什么？

答：钢是指含碳量低于2.11%的铁碳合金。铁是指含碳量高于2.11%的铁碳合金。工业上实际应用的铁一般含碳量在2.5%～4.5%。

3. 钢按化学成分可分为哪几种？

答：(1)碳素钢：主要含有铁和碳等元素的钢，同时还含有少量的硅、锰、硫、磷等元素。

(2)合金钢：钢中除含有碳素钢所含的各种元素外，还含有一些特别加入的元素，如铬、镍、钨、钒等。如果碳素钢中锰含量超过0.8%，或硅含量超过0.59%时，这种钢也称为合金钢。

4. 钢按含碳量可分为哪几种？

答：(1)低碳钢：含碳量低于0.25%的钢。

(2)中碳钢：含碳量为0.25%～0.6%的钢。

(3)高碳钢：含碳量超过0.6%的钢。

5. 钢按用途可分为哪几种？

答：(1)结构钢：做建筑工程结构和机器零件等用的钢。

(2)工具钢：做工具、模具、量具等用的钢。

(3)特殊用途钢：做特殊用途和具有特殊性能的钢，如不锈钢、耐酸钢、耐热钢、磁钢等。

6. 钢按质量可分为哪几种？

答:(1)普通钢:含硫量不大于0.055%,含磷量不大于0.045%。

(2)优质钢:含硫量不大于0.045%,含磷量不大于0.040%。

(3)高级优质钢:含硫量不大于0.030%,含磷量不大于0.035%。

7. 低碳钢、中碳钢、高碳钢的断口特征是什么?

答:低碳钢:锤击时不容易折断,断口处有明显的塑性变形现象,断口呈银白色,能清晰地看到均匀的结晶颗粒。中碳钢:塑性变形不如低碳钢明显,断口处的结晶颗粒比低碳钢细。高碳钢:折断时塑性变形现象不明显,甚至看不到,断口的结晶颗粒很细密。

8. 什么是B、C、E级钢?

答:美国AAR标准将机车车辆用铸钢材料,按其强度递增次序,分为A、B、C、D和E级钢5个等级,其中B、C和E级钢为常用材料。

化学成分只规定C、Si、Mn、P和S等5种元素的上限,允许加入其他合金元素。

力学性能满足规定的要求。如AAR对B级钢的性能要求:$\sigma_b \geqslant 485$ MPa,$\delta \geqslant 22\%$,$\psi \geqslant 36\%$。

9. 什么叫热处理?

答:热处理是指把金属和合金(工件)加热到给定的温度,并在此温度下保温一定时间,然后用选定的速度和方法来冷却,以便达到所需要的纤维组织和性能的一种操作工艺。

10. 锻、铸件热处理的目的是什么?

答:锻、铸件热处理目的主要是为了改善钢的组织,细化晶粒,消除内应力,提高钢的机械性能并改善切削加工性能。

11. 钢的普通热处理分哪几类?

答：钢的普通热处理主要有 4 种，即退火、正火、淬火和回火。

12. 什么叫退火？

答：将钢件加热到临界温度以上 20 ℃ ~ 30 ℃，保温一定时间，然后缓慢冷却（炉冷、坑冷、灰冷）到 600 ℃ 以下再空冷。这样的热处理工艺称为退火。

13. 退火的目的是什么？

答：退火的目的是：

（1）降低钢的硬度，以利于切削加工。

（2）提高钢的塑性和韧性，以便于冷冲或冷拉加工。

（3）消除前一工序（如铸造、锻造、焊接等）所产生的残余内应力，以防工件的变形、开裂。

14. 什么叫正火？

答：将钢件加热到临界温度以上 30 ℃ ~ 50 ℃，进行完全奥氏体化，然后在空气中冷却（夏天有时需吹风或喷雾），这种热处理工艺称为正火。

15. 什么叫淬火？

答：将钢件加热到临界温度以上 30 ℃ ~ 50 ℃，保温一定时间，然后在水或油等冷却介质中快速冷却，这种热处理工艺称为淬火。

16. 什么叫回火？

答：将淬火钢件重新加热到预定温度（如低温回火 150 ℃ ~ 200 ℃，高温回火 500 ℃ ~ 650 ℃），保温预定时间，然后冷却下来，这种热处理工艺称为回火。

17. 车辆修理中为提高零件耐磨性一般采用哪几种表面处理方法？

答：表面处理（或称表面硬化）方法主要有以下几种：

（1）表面淬火、渗碳、渗氮及氰化处理。

(2)抛丸或喷丸表面强化。

(3)滚压强化法。

(4)电镀或喷镀(涂)耐磨金属层。

18. 铸钢摇枕、铸钢侧架、车轴、枕簧采用何种热处理方法?

答:铸钢构架(侧架)、铸钢摇枕采用正火或退火热处理;车轴采用正火加回火热处理;枕簧采用淬火和回火热处理。

19. 工件热处理常见的缺陷有哪些?

答:工件常见的热处理缺陷有过热、热烧、氧化、脱碳、软点、机械性能达不到要求,变形、开裂等。

20. 钩体、钩尾框及钩舌等配件焊后热处理如何进行?

答:(1)装炉

① 将配件放入炉床,配件与配件要有适当间隙,放置要规整,大小配件不得相差悬殊。

② 冬季时,配件须达到室温后入炉。

(2)加热

① 炉内温度分布要均匀,0.5 ~1.0 h 内要缓慢达到 650 ℃ ~700 ℃,然后保温 0.5 ~1.0 h。

② 继续加温,在 2 h 内要缓慢达到 850 ℃ ~900 ℃,并根据表 7 -1 保温一定时间,然后出炉。

表 7 -1 车钩配件热处理保温时间表

配件壁厚(mm)	<10	10 ~50	>50
保温时间(h)	>0.5	>1.0	>2.0

(3)出炉后在室温中自然冷却。

(4)检查配件不得有过烧、脱碳、热裂及扭曲变形。

(5)合格配件须涂清油。

21. 铸钢侧架、铸钢摇枕裂纹焊修后的局部热处理如何

进行？

答：(1)局部正火件的环境温度不得低于 5 ℃。

(2)热处理

① 利用氧气—乙炔焰加热焊修裂纹四周 50 mm 范围内，温度需达到 850 ℃～900 ℃。

② 加盖石棉灰保温材料，保温 1h 以上，然后缓慢冷却至室温。

(3)检查配件不得过烧、热裂和变形。

(4)合格配件须涂清油。

22. B 级钢焊后热处理如何进行？

答：将配件加温至 550 ℃～650 ℃，保温 2～4 h 后，在空气中冷却至室温即可。不应有过烧、脱碳、热裂及扭曲变形。

23. 淬火钢为什么要回火？

答：淬火工件的组织是极不稳定的，具有极大的内应力和高硬度，高脆性的性质，不能达到所要求的机械性能，必须回火处理。回火的主要目的是：

(1)降低脆性，消除内应力，使淬火组织趋于稳定。

(2)使工件获得满意的综合机械性能。

24. 空气锤有哪几个基本部分组成？锤头有哪几个动作？

答：空气锤有落下部分、锤体、操纵机构、传动部分及砧座等基本部分组成。操纵空气锤的手柄或脚踏板可使锤头获得五个动作：空行程、悬空、压紧、连续打击和单次打击。

25. 什么叫锻造？什么叫手工锻造？

答：将金属加热，在工具冲击或压力作用下，使金属的几何形状发生变化，制成符合锻件图纸要求的锻件，就叫锻造。

将所需锻造的钢材放入烘炉内加温，当烧到锻打温度时取出，完全凭借人力，用大锤或手锤及一些简单的成型工具，把材料锻打成所需要的配件,这种方法叫手工锻造。

26. 大锤有哪几种打法?

答:根据打锤的姿势和握法不同,一般分抱打、抡打、横打等方法。

27. 说明锤上自由锻常用工具的分类?

答:锤上自由锻常用工具可分为两类:

(1)基本变形工具(基本工具):如砧子、摔子、三角槽冲子、漏盘、双圆压棍、延伸压板等。

(2)辅助工具:即夹持和搬动坯料或锻件的工具,如钳子、运料叉子、撬杠等。还有常用的量具,如直尺、卡尺、盒尺等。

28. 说明工具、量具的保养方法?

答:工具和量具维护保养的基本要求是保存得法,消除污尘,定期检查及时修理,具体要求是:

(1)工具用后应分类存放好,并经常清除尘土。

(2)定期检查,发现问题及时修理。

(3)在使用过程中,如发现磨损、带迹等缺陷应及时修理。

(4)经常和热铁接触的工具,在使用过程中应注意及时冷却。

(5)量具要经常保持清洁,用后应放在规定地方,以防碰坏。

29. 在工作中怎样避免烫伤?

答:(1)在工作前应按规定佩戴好防护用品,工作时间禁止光脚露胸。

(2)红料出炉时,应注意周围人员,其他人员应主动让开。

(3)不要用脚推刚锻完的锻件。

(4)垫较大摔子时应两人抬,以防烫伤。

(5)钳子、摔子使用完后,应放置在指定地点,不可随便放置。

30. 对安全用电有什么要求?

答:安全用电应做到:

(1)不准赤手触及未绝缘的电线或电器。

(2)不准擅自进行电气修理,电器、电线损坏时,应找电工修理。

(3)不是个人岗位的电气设备,不准私自操纵。

(4)使用电炉加热锻件,应遵守电炉安全操作规程的规定。

31. 自由锻锤的种类有哪些?

答:常用的自由锻锤主要有空气锤和蒸气—空气两用自由锻锤(简称蒸汽锤)。另外还有弹簧锤、夹杆(板)锤和钢丝锤等机械锤。

32. 自由锻锤的特点是什么?

答:自由锻锤的特点是打击速度快,它是利用落下部分的冲击能量对金属进行锻造。自由锻锤既可以进行自由锻造,如拔长、镦粗、冲孔、弯曲、扭转等工序,也可以进行胎模锻造。

锻锤的规格用落下部分的重量(包括上砧、锤头、锤杆和活塞,单位为 kg 或 t)来表示。

33. 锻锤名称怎样表示?

答:锻锤的名称由锻锤的种类和规格来表示。如 300 kg 空气锤、560 kg 空气锤,5 t 蒸汽—空气两用自由锻锤等。

34. 怎样对锻锤进行日常维护保养?

答:日常维护保养在班前、班后由操作者进行。班中严格行使规则,如设备发生故障应及时排除并认真作好交接班记录。班前,将锤杆外露部分擦干净,按润滑规定给油,检查安全防护装置,并空运转试车、检查运转情况。班后,清理氧化皮及料头,擦拭锤身及锻锤各外表面。

35. 试述圆钢坯料打制成长方料工序?

答:将圆钢加热到始锻温度取出,除去氧化皮,拔长一端成方形截面修整为所需尺寸的方截面,然后调头拔长另一端成方截面。最后修整全长达到所需要尺寸。

36. 什么叫拔长?拔长的方法有几种?

答:使坯料横截面积减小而长度增大的工序,称为拔长。

根据所使用的机具可分为平砧拔长,型砧拔长和芯棒拔长三种。

37. 何谓锻件基本尺寸、锻造公差?

答:在零件尺寸上加上粗加工和精加工余量后的尺寸称为锻件基本尺寸。锻件的实际尺寸因各种原因不可能完全符合锻件的基本尺寸,而允许的上下误差范围称为锻造公差。(所允许的上误差称为上偏差,所允许的下误差称为下偏差,上偏差减去下偏差即为锻造公差。)

38. 何谓锻件的机械加工余量?

答:为了得到零件的加工尺寸和表面光洁度,在零件外表面需要加工部分,留一层供作机械加工用的金属,这层金属称为机械加工余量(简称余量)。

39. 怎样绘制锻件图?

答:锻件图的绘制是以零件图为基础,对零件图上某些台阶、凹档、法兰、凸肩或孔加上“余块”,以简化形状,再加上机械加工余量和公差之后绘制而成的。对某些不经机械加工的零件,其锻件图只须加上锻件的黑皮公差便可绘制而成。

40. 何谓锻接?用于哪些方面?

答:把坯料的几部分或端部在一定的高温下用外力使其结合成一个整体的锻造操作,称为锻接(又称锻焊或接火)。

锻接主要用于锻制一些不能完整的锻成的锻件,如链环,链条等,以及将两种不同成分钢料锻焊在一起,如夹钢和贴钢(主要用于刀具上如斧子、菜刀等)。

8 油漆工岗位

1. 段修车辆哪些部位须涂漆?

答:(1)车体及底架锈蚀部位、油漆脱落处,须清除锈层补漆。

(2)冰冷车底架及转向架须除锈。冰冷车转向架,轴身和车轮的内、外侧(轮辋部位除外)须涂清漆。

(3)新换侧板、端板、门板、顶板的外侧面以及冰冷车车体外部新造或厂修后第2次段修时(指新造或厂修后使用2年时)除锈后涂漆,涂漆前金属表面清洁度须执行GB 8923《涂装前钢材表面锈蚀度等级和除锈等级》中的规定。

(4)油漆按规定涂打,面漆除另有规定外,须与全车颜色一致。

2. 段修货车要求使用的主要漆种有哪些?

答:段修货车要求使用的主要漆种有:

(1)底漆类——水溶性(溶剂型)厚浆醇酸漆、磁化铁防锈漆及与之相当的防锈漆、604环氧重防腐底漆。

(2)面漆类——水溶性(溶剂型)厚浆醇酸漆、醇酸磁漆、调和漆、清漆和熟桐油等。

3. 货车防锈漆的涂刷部位是如何规定的?

答:货车防锈漆涂刷部位如表8-1所示:

4. 货车面漆的涂刷部位是如何规定的?

答:货车的面漆涂刷部位规定如表8-2所示:

表 8-1 货车防锈漆涂刷部位规定表

顺号	漆种	涂刷部位
1	水溶型(溶剂型)厚浆醇酸漆	底体架钢结构,棚车车体外侧和钢侧墙、端墙内侧上、下部,罐车罐体外表面,平车车体钢结构内外表面,转向架焊接构架
2	水溶型(溶剂型)厚浆醇酸漆、磁化铁防锈漆及与之相当的防锈漆	冰冷车铸钢侧架、摇枕,钢质零件结合面及制动装置外侧面,锻压配件的金属露出面,集尘器盒的内面
3	604 环氧重防腐底漆	冰冷车的无轴箱滚动轴承外露面及车体、底架内外表面
4	环氧云铁防锈漆	P_{70}、P_{70H}、C_{70}、C_{70H}、C_{70A}、X_{4K} 型车车体钢结构外表面
5	水溶性(溶剂型)铁棕厚浆醇酸漆	GN_{70}、GN_{70H} 型车牵引梁、枕梁、罐体外表面及附属件内、外表面
6	水溶型(溶剂型)厚浆醇酸漆、磁化铁防锈漆及与之相当的防锈漆	其他未规定的部位

表 8-2 货车的面漆涂刷部位规定表

顺号	漆种	涂刷部位
1	浅灰色调和漆	棚车端板、侧板、顶板车内表面(竹编胶合板顶板除外)和门、窗车内表面(双层板者为内层板),冰冷车内部非镀锌的金属配件,家畜车侧板、端板、顶板车内表面,毒品车端板、侧板、顶板车内表面
2	中灰色水溶性(溶剂型)厚浆醇酸漆	P_{70}、P_{70H} 型车车体内表面
3	蓝灰色水溶性(溶剂型)厚浆醇酸漆	P_{70}、P_{70H}、C_{70A} 型车车体外表面
4	中酞蓝色水溶性(溶剂型)厚浆醇酸漆	C_{70}、C_{70H} 型车车体外表面
5	环氧沥青玻璃磷片漆	C_{70}、C_{70H}、C_{70A} 型车车体内表面
6	浅灰色水溶型(溶剂型)厚浆醇酸漆	气卸粉状水泥罐车(侧梁以上)及粮食车体外表面,家畜车侧板、端板、顶板车外表面

续上表

顺号	漆　种	涂 刷 部 位
7	浅黄色调和漆	守车、专用车工作室内的端墙板、侧墙板露出面和车内木制备品
8	浅黄色水溶型(溶剂型)厚浆醇酸漆	集装箱平车(或平车—集装箱共用车)锁头、门挡及扶手座背面,转K3型转向架构架,检衡车外墙表面
9	白色调和漆	守车、专用车工作室内顶板露出面,脱轨自动制动装置球阀手把
10	绛红色调和漆	守车、专用车工作室地板面
11	银粉调和漆	保温车车体、粮食漏斗车车体、罐车罐体
13	绛黄色水溶型(溶剂型)厚浆醇酸漆	氨水、酸碱类和润滑油罐车罐体
14	黄色水溶性(溶剂型)厚浆醇酸漆	C_{70A}型车车体外表面转动车钩端
15	清漆	水罐车罐体内壁
16	沥青清漆	转向架、钩缓装置用的圆弹簧,棚车中密度纤维板的下侧板外表面
17	醇酸清漆	转向架各铸钢件、车钩、钩尾框、缓冲器箱体、轴身及滚动轴承防尘板座的露出面,车轮的辐板内、外侧面(滑动轴承车轮为内侧面),承载鞍与轴承非接触面、前盖、后挡的外露面
18	黑色水溶型(溶剂型)厚浆醇酸漆	各型敞车(含不锈钢敞车)、平车、棚车、漏斗车、无吸热要求的各型罐车车体外表面、保温车、冷藏车、粮食漏斗车车体底架下部(含动装置)及罐车的底架部分(含制动装置),NX_{70}、NX_{70H}型车底架组成、底架附件、端门组成、制动装置,GN_{70}、GN_{70H}型车外表面,脱轨自动制动装置拉环(Ⅰ型),GF_{70}、GF_{70H}型底架表面,其他未规定漆种、颜色应涂刷油漆的车辆部位
19	铁红色水溶型(溶剂型)厚浆醇酸漆	集装箱平车、小汽车运输车、长大物货车车体外表面,KZ_{70}、KZ_{70H}型车操纵室地板
20	原色调和漆、水溶型(溶剂型)厚浆醇酸漆	铝合金敞车车体外表面,其他部分

续上表

顺号	漆　　种	涂　刷　部　位
21	银灰色水溶性（溶剂型）厚浆醇酸漆	GF_{70}、GF_{70H}型罐体外表面
22	海蓝色水溶性（溶剂型）厚浆醇酸漆	KM_{70}、KM_{70H}型车车体外表面，KZ_{70}、KZ_{70H}型车车体外表面及操纵室端侧门、侧窗内表面、传动配件
23	GSB G51 001 中 Y08 深黄色面漆	脱轨自动制动装置拉环（Ⅱ型）
24	橘红色水溶性（溶剂型）厚浆醇酸漆	底架组成、底架附属件、制动装置
25	双组分丙烯酸聚氨酯类专用油漆	铝合金车体的转动车钩端及标记处

5. 油漆涂层经常出现哪些缺陷？

答：油漆涂层经常出现的缺陷有 11 种：流坠、针孔、起泡、龟裂、皱皮、橘皮、发白（泛白）、刷纹、渣粒、发花和浮色等。

6. 溶剂型涂料在涂装中常见到的质量问题有哪些？

答：溶剂型涂料在涂装中常见到的质量问题有 12 种：粉化、龟裂、起泡、脱皮、鱼眼、涂层不洁、咬底、发白、流淌、流挂、橘皮、斑点。

7. 油漆在喷涂中的流坠是什么现象？其产生原因、解决办法与预防措施有哪些？

答：（1）流坠是指部分湿漆向下滑落呈帘状较厚涂层，在垂直的工件表面比较明显，在涂装几分钟后即出现。

（2）原因主要有 5 个：稀释不够；前一道漆膜未充分干燥就涂下一道漆；雾化气压低，使雾化不充分；喷枪与工件距离太近；喷枪调节不当。

（3）解决办法：冲洗掉或打磨后重新涂装。

（4）预防措施有 5 个：

① 对漆合理稀释，使用合适稀释剂。

② 等前一道漆膜充分干燥再涂下一遍。

③ 正确调节雾化气压和喷枪获得良好的雾化。

④ 喷枪与工件保持合理距离。

⑤ 在 20 ℃ ~25 ℃环境温度下喷涂。

8. 何谓油漆漆膜龟裂？简述其成因、解决方法和预防措施？

答:(1)龟裂指漆膜产生不规则的网状裂纹,类似干裂土地的表面。

(2)成因主要有 6 个:漆膜尚未充分干燥就进行下一道涂装;温度变化剧烈;涂料黏度过大;涂料组分混合不均匀;涂料添加了不相溶物质;在有裂纹的涂层上喷了稀释剂,软化了丙烯酸漆。

(3)解决办法有 4 个:

① 除去有裂纹的漆膜,再次涂装。

② 使用漆料供应商指定的溶剂。

③ 施工前充分混合均匀。

④ 不采用不相溶的添加剂。

(4)预防措施有 3 个:

① 再次涂装前应使底漆膜充分干燥。

② 避免温度变化过大。

③ 避免使用黏度过大的油漆。

9. 何谓油漆漆膜起泡现象？简述其成因、解决方法及预防措施？

答:(1)漆膜起泡是指漆膜起小鼓包,破裂的边缘呈火山口状。

(2)成因主要有 5 个:

① 涂层中夹带的空气在干燥时未能消失而形成气泡,气泡很薄并高出漆膜,膜易破而形成针孔状小孔(针孔)。

② 喷漆时压缩空气中含有水分,使涂层产生气泡。

③ 漆膜表干快,封闭表面内溶剂挥发时形成泡膜,破裂形成针孔。

④ 基底表面有锈垢、油脂等杂物。

⑤ 漆膜多次或经常处于高温环境。

(3)解决办法:打磨并重新涂装起泡的部位。

(4)预防措施有3个:

① 彻底清理工件基底表面。

② 经常排除压缩空气管路中的积水。

③ 再次涂装或送入烘干设备之前要使漆膜有充分的干燥时间。

10. 试说明漆膜咬底是什么现象?分析其成因和解决办法?

答:漆膜咬底就是油漆把底层油漆咬起来的现象。

(1)一般油脂漆、醇酸漆等有机漆类,在漆膜未曾干透时,如果遇到含有强溶剂的油漆,尤其面漆很厚时,则底层漆膜很容易被上层油漆所溶解而膨胀、鼓气。若将底层油漆彻底干燥,可以防止咬底现象。

(2)底、面漆不配套,也会发生咬底,在配套选择中必须注意底面漆相互的容忍性,必要时,可用醇溶性漆封闭底漆后,再涂面漆。

11. 车辆标记涂打有何基本要求?

答:(1)车辆标记规格、位置等须符合TB/T 1.1《铁道车辆标记一般规则》、TB/T 1.2《铁道车辆标记 文字与文体》规定及图样要求。

(2)各标记须涂打齐全、准确、位正、清晰。

(3)各种标记均须重新涂打。

(4)除另有规定外,车辆标记一律使用漏模涂打。

12. 货车应有哪些明显的标记?

答:(1)共同标记:车种、车型、车号、载重、自重、容积、换长、定检、定位、车钩中心线等，部属车辆还须涂打路徽。

（2）特殊标记：人、古、关、特、卷、超、[illegible]等。

（3）除以上共同标记和特殊标记外，货车还应有车辆自动识别标签；罐车“进汽压力”，“容量计表”标记；货物品名标记；毒品专用车毒品车标记（换符号）；空气制动装置，货车新产品试运期间标记；电化区段运行的机械冷藏车应有“电化区段严禁攀登”字样。

13. 哪些车辆零部件检修后需要涂打检修标记？

答：需要涂打检修标记的零部件主要有 18 种：三通阀下体，分配阀、控制阀主阀体和紧急阀，钩体，钩尾框，钩舌，制动梁，下心盘，编织制动软管总成，闸瓦间隙自动调整器，ST 型缓冲器，交叉支撑装置组成，限压阀、传感阀，脚踏式制动机，NSW 型手制动机等。

14. 如何涂打企业自备铁路货车标记？

答：企业自备铁路货车的车种、车型、车号按《企业自备铁路货车车种、车型、车号编码规则》的规定涂打。并须涂打企业自备铁路货车产权单位的名称及所在局简称标记，涂打在车辆两侧（墙）适当位置，采用 200 号汉字。租用车或专用车均须有单位名称、产权性质标记。部属的配属车须涂打配属单位名称标记。

15. 说明货车标记颜色有何要求？

答：货车标记除另有规定外，一律使用油漆涂打。标记颜色和标记处所的底色应符合表 8－3 规定。

表 8－3　货车标记颜色对照表

标记处颜色	标记颜色
黑、棕	白
白、黄或银色	黑
绿或蓝	淡黄

16. 说明货车标记字号有何要求?

答:(1)大车种车号字号 200 号、车型字号 120 号。

(2)小车种车号字号 120 号、车型字号 70 号。

(3)载重、自重等汉字及数字字号 70 号,载重、自重等的单位(t · m)及小数字号 50 号。

(4)本次厂、段修单位字号 40 号,本次厂、段修时间字号 30 号,下次厂、段修时间字号 40 号;辅修标记字号 30 号。

(5)制动阀(紧急阀)检修标记字号 20 号;制动软管总成、闸瓦间隙自动调整器、脚踏式制动机检修单位标记字号 20 号,检修时间标记字号 15 号;钩舌、钩体、钩尾框、制动梁、ST 型缓冲器、下心盘、交叉支撑装置检修标记字号 20 号。

17. TB/T 1.2—1995《铁道车辆标记　文字与字体》对货车标记的文字与字体有何规定?

答:(1)字体和尺寸

① 汉字:汉字采用宋体字,并执行国家正规简化字,字体宽高比约为 2∶3,字号以字体高度(mm)命名,字号有:10、15、20、30、40、50、70、100、120、150、200、250。

② 汉语拼音字母和阿拉伯数字:汉语拼音字母采用大写直体字母,阿拉伯数字采用阿拉伯直体字。字体宽高比约为 2∶3,字号以字体高度(mm)命名,字号有:10、12、15、20、30、40、50、70、100、120、150、200。

③ 计量单位符号:计量单位符号采用法定计量单位制单位符号、正体拉丁文字母,常用单位吨(t)和米(m)字号符合下表规定,压力单位使用 MPa,其中 M、P 字体高度为 70 mm,a 字体高度为 50 mm。

(2)其他规定:

① 数字中小数采用比整数小一号的字号。

② 计量单位符号大写字母字号同整数字号。

货车标记字号与高度对照表如表 8－4 所示。

表 8－4 货车标记字号与高度对照表 单位:mm

字　　号	40	50	70
字体高度	40	50	70

18. 检修标记涂打有何基本要求?

答:(1)厂修标记按原标记涂打,段修期按年、月,辅修、轴检期按月、日涂打,下次修程到期日期,均须按段修竣工的翌月、翌日起算,本级修程下次检修到期时间标记须与上级修程的到期时间标记相对应,即经本级修程的若干个检修周期后,最后到期时间须与上级修程到期时间相同。下次段修周期延长时,第 1 次辅修周期须相应调整。

(2)取消辅修的车辆不涂打辅修标记,在原辅修标记处涂打“取消辅修”字样;70 t 级货车不涂打辅修和“取消辅修”标记。

(3)检修段简称按铁道部规定涂打,段简称为 3 个字时可不涂打局简称,但段简称为 2 个字及以下时须涂打局简称。

(4)按走行里程检修的车辆检修标记字号为 50 号、标记框线宽 5mm,标记框高 70 mm,长度依次分别为 80 mm、320 mm和 100 mm。涂打在侧墙左下部,C_{76}、C_{80} 等不设置重点检查修的敞车不涂打重点检修标记(取消 C 栏)。

(5)辅修标记栏左侧不涂打“辅修”修程字样;辅修标记中的年、月、日应涂打为两位数字,数字之间的间隔为 2 mm;月、日之间应涂打 ϕ6 mm 的间隔圆点,圆点与月、日的左右间隔为 4 mm ,圆点与年、月、日下方应对齐。

19. 涂打车型、车号标记须注意哪些事项?

答:(1)货车应在车体两侧侧墙左端涂打大车号,在底架侧梁(或侧墙下缘)涂打小车号。车号包括车辆的车种、车型和车号。

(2)对有活动墙板的平车，均在活动墙板上涂打大车号，在侧梁上涂打小车号；对无活动墙板的侧梁为非鱼腹梁的平车，仅在侧梁上涂打小车号。侧梁为鱼腹梁的平车，仅在侧梁中部涂打大车号。

(3)转 8B、转 8AB 型完善改造车辆落成后，原车型车号不变，车辆标记自重按实际称重涂打，并在大车号后面涂打“已改造”字样，字号 150，间距 20 mm，下端与原大车号下端对齐。不同改造车型字样与车号间距值可适当放大或缩小，但不能小于 150 mm。

(4)除有特殊规定者外（如 P_{65} 等型车），装用转 K2 型转向架的车辆，须在车型编码尾部加注大写字母“K”标记；装用转 8AG、转 8G 型转向架的车辆，须在车型编码尾部加注大写字母“T”标记；装用转 K4 型转向架的车辆，须在车型编码尾部加注大写字母“H”标记。装用转 K2 型转向架的 C_{64B}、P_{64B} 型车，须将车型标记改为 C_{64K}、P_{64AK}；装用转 8AG、转 8G 型转向架的 C_{64C}、P_{64C} 型车，须将车型标记改为 C_{64T}、P_{64AT}。

(5)2008 年 4 月 1 日起，对装用转 8G、转 8AG 型转向架且不进行完善改造的既有国铁、自备货车，在检修时，将原车型标记中代表转 8AG、转 8G 型转向架结构的“T”字母改为“E”字母，变更车型，具体要求如下：

① 国铁车：不进行完善改造的 C_{61T}、X_{6AT}、B_{10BT}、B_{6AT}、B_{6NT}、B_{6T} 车型对应变更为 C_{61E}、X_{6AE}、B_{10BE}、B_{6AE}、B_{6NE}、B_{6E}。

②自备车：自备车产权单位要求不进行完善改造、未签订完善改造合同、不在计划内进行完善改造的自备车须变更车型，在检修时具体对应关系：G_{17T} 改 G_{17E}、G_{60T} 改 G_{60E}、G_{70T} 改 G_{70E}、GF_{18T} 改 GF_{18E}、GF_{1T} 改 GF_{1E}、GF_{2T} 改 GF_{2E}、GF_{AT} 改 GF_{AE}、K_{18AT} 改 K_{18AE}、K_{18DT} 改 K_{18DE}、U_{61WT} 改 U_{61WE} 等。

20. 车辆部件标记如何涂打?

答:(1)手动空重车转换塞门手把截断塞门手把涂白漆;空重指示牌底涂白漆,字涂红漆;紧急制动阀体及手把涂红漆。空重车自动调整装置指示牌:重车位涂白漆,空车位涂红漆。

(2)制动缸活塞杆按规定在B、C部涂打白色油漆标记,但装用密封式、半密封式制动缸的车辆可不涂打B部标记。

(3)单车试验合格的闸瓦间隙自动调整器须在铭牌附近外体上涂打标记,汉字字号为20号,检修日期字号为15号。

(4)交叉支撑装置组装时,须在组装的标志板上刻打标记。

(5)脱轨自动制动阀须用白油漆在阀体外侧面涂打检修单位简称和检修年月,字号为15号。

(6)空气制动安全阀组装试验合格后在阀体上涂打"190 kPa"字样,字号为20号。

(7)罐车呼吸式安全阀性能试验合格,须在阀盖侧壁上涂打定压值:轻油罐车定压为(150 ±20)kPa;黏油、食油罐车定压为(100 ±20)kPa,字号为15号。

参 考 文 献

[1] 杨绍清等. 铁路货车段修技术与管理. 北京:中国铁道出版社. 2005.
[2] 铁道部. 铁路货车段修规程. 北京:中国铁道出版社. 2007.
[3] 陈雷等. 铁路货车段修基本工艺. 北京:中国铁道出版社. 2009.
[4] 铁道部. 铁路货车轮轴组装检修及管理规则. 北京:中国铁道出版社. 2007.
[5] 铁道部. 铁路货车制动装置检修规则. 北京:中国铁道出版社. 2008.
[6] 田景亮等. 轮轴车工技术问答. 北京:中国铁道出版社. 1998.
[7] 陈雷等. 铁路货车转向架段修作业基本规范. 北京:中国铁道出版社. 2009.